教 有 所 思

李淑华教育手记

李淑华 ◎ 著

安徽师范大学出版社

· 芜湖 ·

图书在版编目（CIP）数据

教有所思：李淑华教育手记 / 李淑华著 . —芜湖：安徽师范大学出版社，2019.10

ISBN 978-7-5676-3794-8

Ⅰ.①教… Ⅱ.①李… Ⅲ.①中学教育–文集 Ⅳ.①G63–53

中国版本图书馆 CIP 数据核字（2018）第 214866 号

教有所思：李淑华教育手记

李淑华◎著

责任编辑：潘　安

装帧设计：张　玲

出版发行：安徽师范大学出版社

芜湖市九华南路189号安徽师范大学花津校区　邮政编码：241002

网　　　址：http://www.ahnupress.com/

发 行 部：0553-3883578　5910327　5910310（传真）E-mail：asdcbsfxb@126.com

印　　　刷：江苏凤凰数码印务有限公司

版　　　次：2019年10月第1版

印　　　次：2019年10月第1次印刷

规　　　格：700 mm×1000 mm　　1/16

印　　　张：13.5

字　　　数：228千字

书　　　号：ISBN 978-7-5676-3794-8

定　　　价：48.00元

我愿意当教师

李淑华

我愿意，愿意当教师
因为当了教师
一辈子面朝黄土背朝天的父母
在城里有了每月发工资的闺女
从此，邻里乡亲看我家的眼神里
多了一些羡慕
父母好像突然有了文化
家门上好像从此有了书香

我愿意，愿意当教师
因为当了教师
我每天能够面对那么多如花的孩子
他们的眼睛是亮的
他们的笑容是甜的
他们的哭是纯的
连淘气和调皮都是真的
聆听生命成长的节奏
呵护童年花开的美丽
我，哪辈子修来这样的福分

我愿意，愿意当教师
因为当了教师
我每天生活在课本、教室、操场、作业和与孩子的游戏里

在这童话般的世界里

不必为复杂的人际关系费神

不必为现实中诸多的欺骗和不公伤心

因为生活简单

所以，我生活自由

我愿意，愿意当教师

因为当了教师

我走进了教育并理解着教育

当我作为妈妈面对儿子

我不会错过他生命成长的每一个关键期

学说话，做游戏

多读书，会思考

生命拔节的过程中

我尽力为他输入更多正向的力量

所以，我和孩子成了朋友

我愿意，愿意当教师

因为当了教师

我学会了分出轻重缓急

忙碌和辛苦是当教师的特质

让孩子在妈妈的故事中走进梦乡再披衣备课

把孩子送到安全、温馨、舒适的奶奶家再赶去加班

如此，孩子享受着妈妈和家人的爱

但又感知着妈妈对工作的尽职和执着

这是一种影响

我用忙碌教孩子知道

人生不能只是忙，要知道忙什么

我用辛苦让孩子懂得

春雨淅淅
那是她对秋日的诉说

我愿意，愿意当教师
因为当了教师
我对生命成长的理解有了更深刻的意义
讲台让我从幼稚走向成熟
因而，我对教育更加敬畏，对工作常怀愧疚
岁月让我从单薄走向丰厚
所以，我不只面向未来，会仰望星空
更喜欢脚踏实地活在当下

我愿意，愿意当教师
因为当了教师
我每天的生活便涂上了七种颜色
因为当了教师
我每天都可以闻到太阳的味道

我愿意，愿意当教师

心怀教育理想　追寻理想教育

——第二届"齐鲁名师"建设工程人选倡议书

教育的理想，是为了理想的教育。为加强中小学教师队伍建设，深化基础教育课程改革，全面提升教育质量，强力推进素质教育，山东省教育厅启动了"齐鲁名师"建设工程。我们100名"齐鲁名师建设工程人选"，向全省中小学教师发出如下倡议：

一、倾心育人，做有境界的教师。我们要自觉践行教师职业道德，把教育当作自己的事业，关注学生的素质、学校的发展和教育的未来；要把教育当作自己的志业，关注人才的培养、国家的兴衰和社会的发展。既要脚踏实地，走好教书育人的每一步；又要经常地仰望天空，关注国家的命运和民族的未来，为学生的终身发展和服务社会奠基，做一位真正的教育爱国者。

二、静心修身，做有涵养的教师。我们要安贫乐道，静修心志；要达高致远，宠辱不惊；要不慕名利，耐得寂寞；要童心不泯，拥有爱心；要心怀感激，襟怀坦荡；要与人为善，豁达宽容；要学为人师，行为世范；要守住心灵的安宁，静下心来上好每一堂课，静下心来与学生对话，静下心来研究学问，静下心来反思自己，静下心来读几本好书。一个人书读多了，他的思想就会深邃高远，他的精神就会丰盈充实，他的人生就会有滋有味，他的生命就会有了华光！"一天不读书，自己知道；两天不读书，同事知道；三天不读书，学生知道。"我们应该让读书像吃饭、呼吸一样自然，让读书成为最美的生命姿态！

三、用心教书，做有责任的教师。我们有责任上好每一节课，批改好每一本作业；有责任提高学生的科学素养，塑造学生的高尚人格；有责任引领同伴的专业成长，奠基学生的一生幸福；有责任在教育体制的改革上进言献策，在人才培养的模式上大胆创新。要敢于担当，不辱使命，不负众望！

四、真心奉献，做有爱心的教师。爱是世界上最美的语言，爱是教育的全部内涵，爱是教师心中最圣洁的情感。"只要心中充满爱，哪个孩子都可爱。"

我们要尊重学生的人格，蹲下身子平等地和学生对话。要保护学生的一切合法权益，公平公正地对待每一位学生，不从事有偿家教。要露出微笑，深情地和学生交流。在学生成功时，要给以赏识；在学生失败时，要给以鼓励；在学生危难时，要用生命支撑起一片蓝天……

五、醉心课堂，做有激情的教师。教师的魅力在课堂，课堂是教师生命的舞台。我们要用神采飞扬的激情感染学生，用汩汩流淌的真情陶冶学生，用灵动的教育智慧引领学生，用其乐融融的心情与学生共同演奏生命的乐章。要着力打造率真自然的生态课堂、幸福快乐的生命课堂、充满活力的生机课堂、注重体验的生活课堂、自主创新的生成课堂，真正让学生在课堂上感受到精神脉搏的欢跳，享受到生命成长的快乐。

六、潜心研究，做有思想的教师。教师是行者，更是思想者，只有有思想的教师才能培育出有思想的学生。教育是一项复杂的培育思想的工程，需要我们整天想着它、念着它，琢磨它、研究它，感悟它、享受它。我们要潜下心来研究，思考教育内涵，探寻教育规律，感悟教育本质，施展教育智慧，为中华民族的创造力奠基。

教师们，让我们用青春的金线和幸福的璎珞，用沸腾的热血和燃烧的信念来编织教育理想，追寻理想教育。我们相信，山东教育的辉煌将由我们创造，中国教育的梦想将由我们实现！

二〇一〇年一月六日

目　录

第一编　终于来到华东师大

终于来到华东师大

几天来，心情一直很兴奋。因为下周我们 40 名淄博名师培养人选要去上海华东师大培训学习。

今天下午 3：30，我们坐上了济南飞往上海的飞机。

说起来很多人都不相信，我是第一次坐飞机。尽管事先已经咨询了很多坐过飞机的人，但心里仍然有些紧张。心想：我平时坐车晕得厉害，坐飞机会不会晕得更厉害？飞机起飞的时候，会是怎样的感觉？

上了飞机，找到了自己的座位，心里更加紧张了。坐在座位上，按照乘务员的要求，系好安全带，便开始看安全录像片。不看还好，一看更紧张，有一种大气不敢喘的感觉，心里开始胡思乱想。嗨，又不是我自己，管它呢。心神不定的时候，广播里传来乘务员温柔的声音提醒大家：飞机准备起飞，大家做好准备。

飞机起飞了，我下意识地闭上了眼睛，只感觉耳朵一阵嗡鸣，但很快就过去了。坐在飞机上，透过小小的窗口往下看，地上的情景还依稀可见，只是很小很小。一座座高楼大厦变成了玩具小房子那么大，一棵棵大树像小草，河则像一条长长的带子，路则成了一条细细的线……一切都变样了。看着看着，感觉有点晕，赶紧拉下挡板，不看了。

另外，我还纳闷：明明知道飞机的速度很快，可是我怎么感觉飞机在空中飞得那么慢呢？弄不明白！对了，这就是人对速度的感觉是靠对比周围的参照物与自身相对运动的快慢来感知的原因吧。嗨，一点物理基础知识都快忘没了。一会儿，乘务员过来送点心，送饮料，看着他们来来回回忙碌的样子，我觉得他们的工作够辛苦的，油然而生感激之情。

70分钟以后，飞机降落在上海虹桥机场。在飞机降落和滑行的瞬间，我才感觉到了飞机的速度，真快啊！

到宾馆报到的路上，天已经黑了。我们欣赏着上海的夜景，不知不觉便到了宾馆。我和周村的石霞教师住一个房间。我认识石教师多年，可以说是老朋友了。她的身上有魅力让我敬重，对，是她的好学和努力，她的敬业和平和。每一次和她在一起，总会从她身上学到很多东西。

晚上，我打开电脑，很想记下第一次坐飞机的感受，也很想记下此时的心情。

这次来华东师大学习，可以说是圆了我多年的一个梦。在我的心目中，中国有三所最好的师范大学，分别是北京师大、华东师大和东北师大。2001年，我在东北师大参加国家级骨干教师培训三个月，感悟了东北师大的丰厚与博学。2002年到2004年，我在北京师范大学读研究生课程进修班，又有幸领略了百年师大的底蕴与内涵。此后，我曾不只一次地想过：什么时候能有机会到上海，去聆听来自大上海的教育之声。今天，这个愿望终于实现了。一种感激之情在心中荡漾：感谢这么多年来呵护我成长的领导，感谢市局领导为我们提供的机会，也感谢自己多年的努力让我拥有了这个机会。因为渴望，因为懂得来之不易，所以，我特别珍惜，告诉自己：好好学习，好好交流，好好反思，好好总结，好好落实。

点击名师关键词——专业信仰与专业追求

今天，在听了华东师大课程与教学研究所周勇教师的课以后，我不得不认真思考从名师培养人选到名师之间这段很长的路，我该怎么走。我想：名师之所以成名，除了因为他们高尚的师德修养、敬业的工作态度，最重要的应该是有执着的专业信仰和专业追求。

所谓专业信仰，我想就是有浓厚的专业兴趣。专业追求则是把这种专业兴趣变成教学实践，乐于教学生，用自己的兴趣和喜欢的东西感染他们、激励他们，将他们引向广阔的知识海洋，从而成才。这样一来，自己在教学中，学生在学习中，都享受着专业带来的愉悦和幸福。

王维克教师是名师，只因他发现了华罗庚是数学天才以后，不遗余力地帮助他，培养他，培养了一代数学大师。在那么艰难的条件下，王教师之所以帮助、培养华罗庚，根本的原因就是他爱数学，他在华罗庚身上发现了数学天才，他想让天才幼苗长成大树。

张伯苓时代的"南开中学三剑客"是名师。只因化学教师郑新亭在自己的课堂上，把枯燥的化学内容与人文历史、政治社会现实以及学生的生活经验联系起来，听得学生大呼过瘾。孟志荪教师知识渊博，讲课富有激情，学生听他的课都会被他吸引。感情随他的引导回荡起伏，进入秦汉和唐宋诗文的境界，下课铃响，大家才如梦初醒。魏荣爵虽是物理教师，却具有扎实的中国文学功底，让学生在课堂上领略、欣赏物理学的美。再看当代的魏书生、李镇西……纵观古今中外，名师的标签就是他们在课堂上给了学生学科的精彩，学科的美。如果有人问：名师的幸福在哪里？我想他们一定会回答：在自己有专业信仰的心灵中，在自己每一天的专业追求中，在学生成才的那一天。

我很庆幸从参加工作的第一天就一直从事着自己非常喜欢的专业——小学语文教学。20年来，虽谈不上专业信仰和专业追求，却天天饶有兴趣地在课堂上和学生一起享受语文的美。汉字的美，语言的美，词的美，句的美，诗的美，声音的美，篇章的美……每当和孩子们一起徜徉在一篇篇课文中，享受着语文带给我们的美的时候，我时常想，教小学生学语文，真好！

语文教学的过程中，我曾经享受着快乐的体验，让有些孩子爱上语文，从而因为爱语文影响了他们考大学的志愿选择。但我知道，我对他们的影响仅仅局限在他们在一个阶段喜欢语文而已，很难成为作家，成为文学家，因为我没有能力给他们这种影响和引导。我不能像"大师"那样不断地把学生引入更好的知识殿堂，但我想，这一切差距都可以弥补。

这就是我要走的那段路，一段从名师培养人选到名师的路。我知道很长，但我愿用心走下去。

基于问题的课堂教学之思考

基于问题的教学是课堂组织中重要的形式。问题就是任务，任务驱动才能使师生进入思考、研究的状态，从而解决问题，也就是完成教学目标。

教学模式

一是以教师为中心，以讲解为主要形态的课堂教学。它的运用条件是"我懂你不懂，我有你没有"。

二是以学生为中心，以学生自主学习为主要形态。适用于学生能够独立地解决问题，掌握相关内容。这种情况下，教师再讲就是多余。

三是以同伴为中心，以合作学习为主要形态。运用的条件是 1+1＞2。也就是学生在与同伴合作中的收获必须大于两个人独立学习的收获。

其实，在课堂上，这三种教学模式独立存在的时候很少，通常都是三种模式交替并存，构成了我们的课堂教学过程。

师生角色

课堂教学中，教师的角色一般来说应该是学生学习的促进者、辅导者、评价者，也担负着提供学习资料、引导学习过程、解答疑难问题的任务。

学生的角色则是知识接受与建构者、自主学习者、研究性学习与合作学习者。（研究表明：小组合作学习时，最佳合作小组的规模应该是 4～6 人。过多或过少都会影响小组成员间的沟通和互动。）

教师的角色、学生的角色都是由课堂教学中不同教学模式决定的。

教学过程

第一，呈现真实的或者模拟真实的问题情境，驱动学生的求知欲。这个环节要求教师精心设计问题或者引导学生在问题情境中认真发现问题，设计或提出的问题要具有研究价值。

第二，学生自主探究。这种探究是学生带着问题去探究，在任务驱动下探究，应该是带着问题进行的。探究的结果是自己弄明白了一些问题，也会还有一些问题搞不明白。

第三，合作讨论，也叫集体自主学习。这个过程，学生是在上一个环节学习的基础上，既带着自主探究收获的喜悦，又带着困惑。这个过程中主要采用同伴互助的方法，分享交流收获的喜悦，也在交流碰撞中获得启示，从同伴那里得到帮助，解决自己还没有解决的问题。

第四，教师点拨。这个过程是以教师为中心的过程，为的是解决学生自主探究和合作学习以后依然没有解决的问题。需要教师讲解，但要求教师要精讲、细讲，特别注意要讲到点子上。

第五，技能的应用。即综合运用在上面几个过程中获得的知识和技能解决一定情境中的问题，完成来源于情境又回归到生活这样一个学习的过程。

教学过程评价

一是终点目标评价。评价问题解决了没有？解决到什么程度了？

二是过程目标评价。评价学生在获得问题的过程中，学习者又获得了哪些技能？

三是策略评价。评价学生通过解决问题，获得了哪些方法？

四是情感、态度、价值观的评价。评价学生在学习过程中获得了哪些感受？

反思与收获

到今天为止已经听了 8 场报告。脑子里灌进去的东西太多，还来不及梳理。但是今天晚上小学组要开讨论交流会，王主任安排我当组长，肯定我得第一个发言，所以我要好好准备。

几天来的学习收获可以这样来概括：这次学习是一个充电的过程，最大的收获应该是丰富了我们的内涵，让我们在教育教学素养方面的积淀更丰厚。具体说来，最核心的收获应该是培养了我们的反思意识和反思能力。

对教育教学，我们可以没有能力去改变现状，但是我们不可以不会反思，不善于反思，不可以看不出问题。因为作为淄博市的名师人选，我们首先应该是有思想的教师。

反思我们的教育

我认为，目前我们山东的教育在形势一片大好的背后，是出了一些问题。起码与上海的教育相比，有一些差距。那么，问题的症结在哪里？难道真像有些教师说的那样，是政府不作为吗？还是教育行政部门的工作出了问题，还是与我们的省情有关系？具体到山东的教育，到底问题在哪里？

反思我们的课堂

这么多年来，课堂教学像龙摆尾一样摆来摆去。今天这个方法，明天那个模式：讲读式、启发式、谈话式、互动式、探究式……真所谓潮起又潮落，你方唱罢我登场。教师们说，这边还没学会呢，那边新的名堂又出来了。事实上，真正课堂的魂应该是学生有效参与和有效发展，以这为核心，关注学生的感受，关注课堂的生成，就能听到学生在课堂上生命拔节的声音。要抓住了这个，不管"什么式"都是形式、手段和载体。

反思我们的校本教研与教师发展

校本教研是教师专业发展的有效途径，学校教研组是校本教研的有效组织。过去，我们曾经很努力地开展过很多教研活动，如集体备课、听课评课说课、专题论坛等，但组织教研活动的系统性不好，研究性差，任务驱动性差。教师们在教研活动中的收获和提高达不到预期目标，久而久之，教研活动承载的促进教师专业发展的功能大打折扣。比如：评课，教师讲了公开课以后，教研组内通常要评课。通常的方式就是讲课教师先说设计意图和预设目标，然后其他教师从不同的方面说说对这节课的评价。好一些的，还可能就问题讨论问题，就环节讨论环节。差一些的，就会浮于表面，接触不到实质。然后，教研组长从得失两面总结一下，一次教研活动就结束了。不难看出这个过程缺少了下文。就像医生看病，病人陈述完了病情，医生开出了处方，病人拿着处方就回去了。没有吃药的过程，病怎能痊愈？

事实上，教师的工作非常繁杂，专心用于教研活动的时间实在有限。要使教研活动有效益，须让教师带着问题来，带着对问题的困惑来，在发言中，大家互为病人与医生，交流碰撞，相对达成共识，然后带着方案走。下一次教研活动，要带着上次方案行动后的结果来，再次交流碰撞，再带着新的方案走……这样的教研以解决问题为载体，教师会在教研活动中实实在在地得到提高。时间长了，教研活动就会成为他们专业成长的重要组成部分。

反思我们的评价策略

教育改革，评价是个瓶颈，是个制约。没有评价制度的改革，一切改革都归零。《基础教育课程改革纲要（试行）》中说，建立促进学生全面发展的评价体系。评价不仅要关注学生的学业成绩，还要发现和发展学生多方面的潜能，了解学生发展中的需求，帮助学生认识自我，建立自信。发挥评价的教育功能，促进学生在原有水平上的发展。

在小学阶段，变单一的量化评价为多样化的质性评价应该是可行的，至少是可以实验的。评价方法可为闭卷考试、开卷考查、高年级自我命题考试、学期大作业考察、分层考试等。

学生档案袋是"学生成长记录袋"。如艺术家、建筑师、作家、记者建立个人档案一样，让学生建立自己的档案袋。档案袋里有选择地装有学生的作业、作品、奖状、证书、活动记录等，让学生充分感受其成长的过程、特点、进步和成就，能开放地、多层面地、全面地评价学生。

分层考试是"适应个别差异考试"，也就是让不同能力的学生面对难度不同的试卷，让能力较强的学生面对难度较高的试卷并获得高分，让学习困难的学生面对难度较低的试卷并获得相应的分数。

反思我们的课程改革

新基础教育课程改革，是我国第八次课程改革。规模之大，力度之强，是空前的。如果说一个国家的基础教育一定是一个国家的未来，那么，这一次课程改革就是关系国家和民族未来的一件事。新课改走到今天，有人说是失败的，也有人说是成功的，还有人说是喜忧参半。走过了人云亦云的年龄，也走过了人云亦云的阶段，我不再一味地认为成功或者失败。

作为跟着新课改从讲台上一路走过来的教师，我认为新课改的确给我们的课堂吹来了缕缕春风，带来了片片绿意。首先，新课改让我们懂得了要在教学中着重培养学生的创新精神和实践能力，这是教育目标和教育价值取向的重大变化。其次，新课改要求教师更多地关注学生的情感、态度和价值观；提倡自主、合作、探究的学习方式，更好地关注课堂中的生成，也让我们第一次知道了学生也是课堂上的学习资源……这些，都让我们在理念上接受了洗礼，有了理念的支撑，教师就会有意识地在教学实践中落实这些理念。事实证明，这些实践给了课堂教学张力。

但是，新课改也的确有让我们遗憾的地方。举例说，新课改是作为实施素质教育的有效载体出现的，承载着落实素质教育的历史使命。于是，研究性学习单独设课，担负起培养创新人才的基本素质的重任。一时间，研究性学习五花八门地出现在我们的校园，出现在我们的课堂。这种创新能力的培养，脱离了学生素质结构中知识、技能、品德、能力、身体五大基本要素的培养过程，使研究性学习如无源之水。教师云里雾里，无所适从。

反思之余，我在思考：学了这么多，想了这么多，最终目的是学以致用。

我们的所学，如何致用？上海的教育很好，代表着中国教育的前沿，可是我们不能让所有的孩子都来上海上学。外面的教育再先进，我们也不能让孩子们都到外面去读书。唯有改变我们现在的教育，才是上策，是出路。我们没有能力改变很多，但我们有能力改变自己，从改变自己的课堂开始，影响一个教研组，影响一个学校，影响区域内更多的人，让更多的孩子们受益。做到这些，我想，就不枉此行。

　　至少，我们富有激情；至少，我们知道该怎么做；至少，我们心中有一个美好的梦，这梦，为未来而做着，为教育而做着！

校长，应是教师专业发展的引领者

陶行知先生说，"老百姓把孩子送进我们学校，便在不知不觉中把整个家庭托付给了我们。"所以，"校长要做整个儿的校长"。我想，先生的意思应该就是说校长要全身心地为学校发展、为教师的进步、为孩子的成长而谋事。然而，今天的校长很难做"整个儿"的校长，事务缠身，应酬占去好多精力。但不管怎样，我想，要不愧"校长"两个字，要成为一个让人敬重的好校长，还是应该要求自己做一个专家型的、科研型的校长。

今天去上海曹杨二中参观调研，在校园里转了一圈，并没有什么特别的感受，没有我想象中多么让人耳目一新的校园文化，只觉得在不大的校园里，几棵古树为校园平添了很多风采，再就是绿化面积还算多。

走进会议室，我们见到了这个学校的校长。校长叫王志刚，看上去五十多岁，蛮有学问的样子。短暂介绍以后，他开始为我们做专题报告。主题是：准确理解二期课改精神，扎实推进课堂教学改革。他从领导体制、教师专业发展、教育教学观、课程观、教学科研5个方面为我们介绍了他们的理念和做法。

听完校长的报告以后，我突然想到一个问题：在一个学校里，校长该干什么？校长该以怎样的形象和身份出现在学校，出现在教师的面前？我想，校长首先应该是教师专业发展的引领者。

曹杨二中从3类课程的设置到230多门选修课的设置，从学校教学教研的3年规划到每个学期每个教研组的具体活动，从综合课程的实施到研究性课程的实验，中间都渗透着校长对教育教学的宏观调控。可以肯定地讲，他一定是一位专家型的校长。在这样一位校长的带领下，教师都在思考，在研究，在实践，在反思，在总结，都有自己的科研领域和科研专长，都有自己的教学思想。说实话，在这样的环境中工作，有思想，有舞台，有方法，想不成为优秀教师都很难。我想，当一位位普通教师成为一位位优秀教师的时候，他们一定会心怀感激，感激这位校长的专业引领，感激校长创设的学校环境和搭建的成长平台。

　　回来的路上，我想到了我自己。参加工作以来，我很幸运地来到实验小学，遇到张校长——一位教育上的明白人。我觉得这样评价一位校长是对他最好的褒奖。他懂教育，也爱教育。多年来，作为一位引领者，始终以他对教育的理解和实践领着我们在教学、教研、教改的天地中耕耘、奔跑。我们努力着，我们也收获着。收获了站在讲台上的自信，收获了追求和爱，重要的是收获了在同伴中对教育教学的话语权……试想，如果没有他亲手设计的电脑作文实验、电脑备课的尝试、网络环境中的教学实践，我们也只不过是上课下课，批改作业，最多我们会成为一个个教书匠，不会成为一个个有思想的教师。如果没有他一次又一次教学科研专题培训，今天的我何以能独立申报课题，承担课题，组织课题研究？当我站在特级教师的领奖台上，当我在自己独立的工作中得心应手，当我像他那样去理解教育、去管理学校的教育教学的时候，我深切地感受到：校长的引领对青年教师的专业成长有多么重要！这种引领，可以影响一个人的命运，一帮人的命运，一批孩子的命运，一个学校的命运。

　　今天的我，虽然不是校长，但同样担负着引领教师专业发展的重任。我将怎么做，我该怎么做，我思考着……

　　我知道任重道远。

从"七轮攻坚"看教育要务实

多年的教学实践让我深深地体会到：教育是一项实实在在的工作。投入几成，就有几分回报。现在的社会，什么都可以浮躁，唯有教育不能。今天，看了曹杨中学关于"七轮攻坚"的材料，我更坚信了这一点。

所谓"七轮攻坚"就是学校连续 7 年来，每一年都确定一个教学教研方面的研究重点，然后所有教师用一年的时间围绕这个重点展开深入的实践和研究，最后有所突破，形成标志性成绩，并在以后的教育教学过程中广泛落实。

为什么从"七轮攻坚"能看出曹杨二中的教育是务实的呢？

第一，攻坚主题的确定是务实的。从 1999 年开始，学校确定的攻坚主题分别是创新教育，学科德育渗透，学科教学渗透研究性学习，加强双语教学，提供多种学习经历，改变学生学习方式，聚焦课堂关注质量。以上这些攻坚主题的确定，全部基于课堂，聚焦课堂，着眼于学生学习方式的转变，落脚到教学质量。对一个学校来说，抓住了课堂就抓住了根本。抓住了有效的课堂教学，就抓住了学校发展的生命。因此，7 个攻坚主题的确定是务实的。

第二，攻坚突破口的选定是务实的。每一轮攻坚，都选定一个突破口。突破口的选定操作性强。比如，第一轮攻坚，主题是创新教育，突破口是冲破传统的课堂教学模式。第四轮的攻坚主题是加强双语教学，突破口是语言文化氛围的构建。诸如此类，都给了教师可操作性的平台，让教师的攻坚有章可循，有事可做，而不是虚无缥缈。

第三，攻坚的落实过程是务实的。每一轮攻坚，事先都制订详细可行的学校实施方案。方案中对每一个教研组的工作都做出详细的要求。然后每个学科教研组根据学校整体规划选定学科组攻坚专题，并制订详细的实施计划。涉及理论学习、交流论坛、教学观摩、说课议课、经验总结、论文结集、校本教材形成等方方面面，对以上各方面工作都做了时间上的合理安排。教师在攻坚过程中做的工作是务实的。这从他们已经形成的几千堂录像课、几百本校本教研资料、几百本教研反思日记和众多的学生活动资料中不难看出。看着这些资料，我感动了。感动于教师的敬业，感动于教师的用心。这些资料是他们成长的足迹，是他们对三尺讲台的敬重！

第四，攻坚的成果是实在的。7轮攻坚，7个目标，最后目标具体化为7种标志性成绩。如，第五轮攻坚形成的标志性成绩是形成了主题学习法、专题学习法、探究实验法等3种方法。第六轮则形成了学校"主体性、体验式、活动化"的课堂教学形态。教师用自己的心血凝成的这些标志性成绩，是他们今后教学的基石，站在上面，他们会走得更远！我相信！

初识女子中学

在我的脑海里，女子中学应该是好多年之前的学校，是在电影中和书本中接触过的事物。提到女子中学，我的眼前就晃动着一群女学生，她们穿着蓝色的大襟褂，黑色的长裙，白袜，还梳着齐耳的短发。我真的不知道，现在还有女子中学。

今天下午，我们乘车来到上海市第三女子中学考察调研。走进学校大门，我有一种说不出的很奇怪的感觉。这是一所比较大的学校，两座特别古老的教学楼，让我想到，这一定是一所有着悠久历史的学校。故意看看校园里正在活动的学生，都穿着红白相间的校服，挺漂亮，真的没发现一个男生。我问一个向我们打招呼问好的女孩子："你们学校全是女生，没有一个男生吗？"她笑着回答："没有，有几个教师是男的。"于是我在想：这些孩子正处在青春期，在女中上学，她们的身心发展会有缺陷吗？

带着这个问题，我们走进了一座新楼——七一楼的大会议室。（另外三座楼分别是五一楼、五四楼、六一楼。）校长在这儿接待了我们。这是一位看上去很干练的女校长。

从校长的专题介绍中，我知道了一些原来不知道的东西。

这是全国唯一公办的女子中学。最早是美国人办的一所教会学校。新中国成立后由政府接管，宋氏三姐妹都在这所学校读过书，历史上曾有11年的时间是男女混校。1981年在海内外校友强烈的呼吁下，上海市政府决定恢复女校。也是想多一种办学模式，多一种办学的研究。

校长介绍的内容很多，我对以下三点很感兴趣。

女生教育特色课程

女子成才课——培养女生成才意识和成才品质。

方法指导课——开设"数学思维方法""物理学习方法指导""信息技术处

理"等课程，提高女生学习的兴趣，增强女生学习信心，学会科学的学习方法。

综合实践课——使女生接触社会，了解社会，融入社会，在实践中变得能干起来。

语言交际课——发挥英语优势和女生语言优势，大力开展对外交流活动，渗透国际理解教育。

艺术欣赏课——发挥女生爱美天性，开设各类艺术活动课和欣赏课，培养审美情趣，提高艺术修养，内化为优雅气质。

特色体育课——针对女生兴趣和生理要求，开设健美等课程。

…………

从这些女子特色课程的设置，我们不难看出这些孩子在女中会得到很多为她们量身定做的机会，这在男女混校中恐怕是做不到的。

IACE 女孩的评选

IACE 是 Independence、Ability、Care、Elegance 4 个单词的缩写，分别是独立、能干、关爱、优雅的意思。

独立——培养学生的独立意识，使她们独立思考，志向远大，不断发展。

能干——努力发展女生的实践能力和创新能力，在事业、家庭等方面都能有所作为。

关爱——培养学生丰富的情感，广阔的胸怀，要家事、国事、天下事事事关爱。

优雅——培养学生高雅气质，举止得体，心理健康，展现女子秀外慧中的风采。

整个评选活动在推荐、自荐的基础上，进行广泛的宣传，然后经过风采展示和答辩，每年都评选出一批这样的女孩，成为学生学习的榜样。这些女孩自己制作的风采展示卡片，图文并茂，有幸在校园或教学楼的某一个地方悬挂、张贴，时间为一年。教学楼的走廊里，我们看了很多 IACE 女孩的宣传画，她们显得那么阳光，那么有朝气，于是，我相信，这些孩子在这样的学校里很幸福。

系列德育课程的设计

高一"寻找金色的梦"

放飞"梦"——引导同学从 what、why、how（什么是梦，为什么要寻找梦，如何寻找梦）几个方面深入开展讨论。

交流"梦"——把所有同学的"梦"进行统计分类，一周向大家展示一个类别的梦想。同学们在分享的同时，更坚定地坚持自己的梦想。

追寻"梦"——组织本校优秀毕业生回母校做报告、参加交流会，向大家提供一些值得学习借鉴的追求理想和成长之启示。

这一活动让带着梦想走进学校的花季女孩学会追求，追求理想，追求美。

高二"走进经典"

寻"典"——什么是经典。

问"典"——为什么要重视经典。

近"典"——如何走近经典。

思"典"——经典人物给我们的启示。

经典的人物、经典的事件、经典的音乐、经典的书……都可以让学生走近，和这些经典一起呼吸，一起交流，在交流中欣赏经典，享受经典。

我承诺——高三"十八岁成人宣誓仪式"

回忆成长，学会感恩——感恩父母，感恩朋友，感恩学校，感恩祖国。

展望未来，肩负责任——肩负自己，肩负家庭，肩负国家，肩负未来。

宣誓仪式庄严隆重，学生在举起右拳的时候懂得感恩，扛起责任。

从高一到高三，德育系列课程的设计，互相联系又相对独立。学生带着梦想走进高一，享受着经典的熏陶走过高二，扛起成年人的责任度过高三。这一系列的德育课程给她们很多有益的影响。

走出女中，我没有了初进校园时的困惑。女中有自身的办学优势和规律，只要学生在学校里生活得快乐幸福，什么样的办学模式是不重要的。

谈谈课前预习

预习，是教学的第一个环节，很多教师都在自己的教学过程中不只一次地用过。二十年的教学中几乎每天给学生布置预习的作业。遗憾的是，就这样按照教学的常规去做了，没有更多地去考虑预习的科学性和有效性。其实，预习是有很多科学规律可循的，有很多值得我们认真思考的问题。

预习的意义

预习是一个让学生学会学习的过程。学生在预习之前，就会思考：预习什么（确定内容），预习到什么程度（确定目标），用什么方法预习（选择方法）。这是一个计划学习的过程。

预习让学生学会自主学习。预习的过程中，学生会遇到各种问题或困惑，这时候，预习的目标和任务就促使学生通过各种学习方式去完成目标和任务。可能要去读、写、记、算；可能要分类，要归纳；可能要提出问题；等等。这实际上是一个完整的自主学习过程。

预习是改进课堂教学的基础。学生带着预习所得，或理解，或困惑，走进课堂，课堂的教学基础已经发生了很大的变化。因为很多的问题已经在课前的预习中完成了，教师的教学可以在这个已有的基础上进行，会更有的放矢，把有限的课堂教学时间用到解决共性的问题上，使课堂教学更有效益。

预习的类型

背景式预习。背景式预习用在语文、社会等科目比较多。比如教学《开国大典》，学生可以在课前预习中，查找开国大典的有关问题：什么是开国大典？开国大典的盛况？开国大典的国际影响？建国后的历次国庆大典盛况……学生带着这样的背景储备走进课堂教学，就有可和课文对话的基础，这样的课堂肯定是一种被课前的预习激活了的课堂。

　　主题式预习。比如要教学老舍的作品《趵突泉》，课前的预习可以以老舍作品的语言特点为预习主题。让学生去阅读老舍先生的其他作品，从而有意识地感知老舍语言的亲切和朴实。记得我在课堂上和孩子们讨论这个问题的时候，有个孩子这样说：读老舍先生的文章就好像在听一个慈祥的老爷爷讲故事。在他的笔下，小猫、小狗、小花、小草，都像顽皮可爱的小娃娃，是通人性的。我相信这是孩子真切的感受，这不是理论家对老舍作品的分析与评价。我相信，孩子读懂了老舍的文章，不然说不出这样的话。

　　难点式预习。这种预习多用在英语或者是数学等理科学科。让学生在预习中找难点，并鼓励学生对自己找出的难点做出各种假设，目的在于引导学生对难点付出自己的思考。

　　尝试解答式预习。这种预习方式多用在理科各科新授的知识类教学之前。也就是让学生在原有知识能力的基础上先尝试解答各种相关的习题，在解题的过程中发现问题。

如何使学生的课外作业真正促进学生的发展

教学应该是大于课堂教学。教师的教，学生的学，不仅仅局限在课堂上，课堂教学只是教学的一个重要环节。在这个意义上讲，要使教学大于课堂教学，除了做好课前预习之外，还要思考如何把学生的学习拓展到课堂教学外。这就要求我们认真考虑如何使学生的课外作业真正促进学生的发展。

作业类型的拓展

作业类型可分为预习式作业、复习式作业和自学式作业。复习式作业有两种：一种是记忆的，如抄写生字和段落、背诵好词佳句等；另一种是总结建构式的，即通过复习，把某一个知识结构建立起来，如写单元小结、画知识树等。自学式作业以学生自学为目的，教师可以适当引导和提供必要的帮助。对小学生来说，三种作业类型要以复习式作业为主，预习式作业为辅，少量布置自学式作业。

作业层次的调整

学生的学习水平参差不齐，作业设置也不该一个方子吃药。这样容易让优等生无效重复，对作业没有兴趣；也使学习困难学生望而生畏，失去自信。比如：布置数学作业，10 个题。我们可以把前 5 个题设置成基础题，后 5 个题设置成逐步增加难度的挑战题。基础题全体都做，后 5 个题能做几个做几个。这样的作业要求不一致但底线一致，既保护了学困生的自信心，又激励了优等生敢于挑战的自信。同时，也给了中间部分学生攀登的过程。从这个角度讲，面向全体学生，让每一个孩子得到发展，完全可以在我们的教学细节中落实，只要教师用心！

作业手段多样化

很多教师布置作业，大多布置写的作业。好像唯有写的作业才是真正的作业，教师才能看到，才可以检查。其实，我们让学生做作业的目的不是为了让自己第二天来检查，而是要学生在做的过程中巩固、发展和提高。听、说、读、写、看，动手操作，调查访问……都是学生作业的方式。布置学生看电视节目《动物世界》，布置学生听《杨家将》连播，布置学生晚上回家做一个家常菜，布置学生回家养两条金鱼写观察日记……诸如此类的作业，哪个学生会不愿意去做呢？

作业组织的改进

教学中，我们时常发现有一些学生完不成作业。只因为我们在布置作业时，大多是按照中等以上学生来布置的作业，很少考虑学生是否能独立完成。没有关注到学生的个别差异。其实，很多时候，学生回家做作业会遇到很多困难，尤其是学习困难学生。因此，教师可以鼓励引导学生就近结成小组做作业，让学生在做作业的过程中得到同伴的帮助。网络环境到位的学校，可以让学生用电脑完成作业，在网上向教师或同学求助，使学生在有效互动中完成作业。

作业批改的改进

作业批改，有些作业可以是教师全批全改。但如果每天的作业都是教师全批全改，就会占用教师太多的时间和精力。作业批改可以有多种方式：抽部分学生的作业批改，指导优等生帮助批改、同桌互相批改，组织学生自己批改……每一种批改作业的方式，可以用于不同的作业。但是，每一种作业的批改，都应在教师的关注视线之内，便于准确地掌握情况，有针对性地为学生提供帮助，并调整自己下一步的教学策略。

意外的惊喜

学习结束了，这次学习收获颇丰。听了 12 场专家报告，考察了 2 个学校，晚上组织了 2 次论坛，敲出了 14 000 字的学习日记。我对自己说，我给自己打满分，因为我努力了。

在上海虹桥机场候机的时候，我收获了一个意外的惊喜：遇到了我教过的一个学生——张倩。大概有好多年我没见她了，突然出现在我的面前，叫我"老师"，我竟然有点不敢认她。她是我 1990 年到 1995 年教过的学生。从高二开始，一直在澳大利亚读书，这次是去香港办事，顺便回家的。重逢的时候，我们紧紧拥抱在一起，大概有好几分钟，好多同行的教师都在看着，为我们高兴。

上了飞机，我在 6 排，她在 8 排，很想挨在一起，却没好意思和别人换座位。今天是晴天，窗外，我看到了上次没有看到的景象。云海、彩虹和蓝天，怎么会这么美？我感叹着！回头看看倩倩，她正和旁边的一位老外说得热乎呢，可惜的是，他们用英语在交流，我一句也听不懂。只看见那个老外笑着向我点头。我知道是张倩已经告诉他我是她小学的老师。我想：我的学生长大了，他们的经历，他们的眼光，他们的条件，他们的机会，都是我们所不能比的。

回过头来，我又想起了和张倩同班的那些孩子们。侯凯迪，进了中国传媒大学，现在在中央电视台实习；张志浩，那个大眼睛的小伙子，正在清华大学硕博连读；胡珊珊，已是山东艺术学院的研究生；陈琳，在上海的传媒咨询公司做事；王小鹿，考上了今年的公务员；崔婧，已是一名报社的采编……一个个孩子出现在我的脑海里，依然是他们小时候的模样，想起的是他们在学校和班级里发生的事……这是一帮幸运的孩子，他们上小学的时候，正是素质教育热火朝天的年头，他们的镜头曾经上过中央电视台《焦点访谈》栏目，他们曾经接受过《实话实说》栏目记者的采访，他们上电脑作文课的录像片曾展出在英国伯明翰世界计算机教育大会的会场……

　　不知不觉，飞机降落在济南机场。张倩的妈妈已经在等着我们。一路上，我们谈着，笑着，回忆着……我真的很高兴，我教过那么多优秀的孩子，他们还想着小学的老师，他们还记着我们的学校。

　　今后的路上，祝这些孩子们一路走好！愿他们从世界的各个角落，给我送来意外惊喜……

第二编　国培，在上海师大

上海师大国培开班典礼学员代表发言

尊敬的各位领导、各位教师、各位同学们：

大家上午好！

带着对小学语文教学的爱和梦，我们从千里之外的山东和吉林相聚在黄浦江畔，开始为期十五天的培训学习。感谢"国培计划"，让我们有机会从讲台走进课堂；感谢上海师大，为我们的培训精心制作了营养套餐；期待全体同学在一起共享智慧，友谊更进一步。

曾经，我们都带着心中的梦走上讲台，带着孩子们从学习拼音开始学习语文，当我们领着孩子们在课堂上和拼音宝宝找朋友，和汉字娃娃捉迷藏的时候，犹如带着他们去畅游拼音王国和童话的世界，那时候，孩子们是多么喜欢语文课，喜欢语文教师……

然而随着年级的增高，随着课文学习的逐步深入，当识字、朗读、理解、分析、记忆、背诵、默写等多种教学任务一起以必须完成的要求压向孩子们的时候，我们的语文教学开始不受孩子欢迎，语文教师的知识结构、能力结构开始受到了严峻的挑战……如何让孩子感到语文是美的？如何让孩子期盼语文课？我们渴望在上海师大的课堂上得到答案，找到办法……

语文教学一路走来，我们曾经强调它的工具性质，强调语言文字训练；忽而发现似乎人文性质更重要，于是开始淡化语言文字训练而走向理解和感悟；

曾经要求我们"以读为本"，忽而大兴"生本教育"……"龙摆尾"似的，于是，语文教师在后边跟啊，跑啊，疲惫且茫然……何时思考过：语文教学的本质是什么？语文教学的学科价值到底在哪里？语文教学改革的未来在何方？随着国家新一轮教育改革大幕的拉开，我们在思考，在实践，在探索……

我们期望着从今天起，能够从各位专家学者手中接过金钥匙，让阳光照耀我们今后的语文教学之路，让我们语文教学的步子走得更踏实、更稳健，让我们的语文教学更充满朝气和向上的力量！

相信我们带着渴望而来，一定会带着满满的收获而归。

国培随笔之一：作文教改的昨天、今天和明天

12月4日下午，上海师大小学语文教学研究中心主任吴立岗教授作了题为《作文教改的昨天、今天和明天》的讲座，吴教授是全国小语会副理事长，对语文教学尤其是对作文教学有深厚的造诣和独到的建树。吴教授谈起作文教学来如数家珍，客观点评了各个时期作文教学利弊得失，并明确指出了作文教学改革的出路。作文教学这块硬骨头，经吴教授这么一讲解，竟如此明了洞彻。

吴教授首先回顾了课改之前的作文教学。不同历史时期的语文教学具有不同的理念，因此形成了不同的作文教学理念。1950年、1956年、1963年的教学大纲强调双基，即基础知识和基本技能。1978年大纲强调新双基，即知识技能和智力能力。作文教学强调培养学生用词造句和布局谋篇的能力，培养观察事物和分析事物的能力，这两个目标分别指向表达能力和产生素材的能力。这一时期有代表性的作文实验主要有：第一，烟台的作文分步训练，发展语言和发展思维相结合，纵横两条线培养学生的作文能力，纵向语言方面形成说话写话、段落、篇章的序列，思维方面形成观察、分析、联想、发现事物本质和特点的序列，横向方面包括阅读、观察和作文三个方面；第二，吴立岗及贾志敏搞的作文素描训练，三四年级观察作文以实物为目标，以片段为形式。提出了一些写作方法，写动作可采用连贯式，写对话可采用交叉式，写外貌、实物可采用补充式；第三，先放后收的训练，三年级放胆写，四年级给规律，五年级综合训练；第四，读写结合训练，以丁有宽为代表，解题对应审题，归纳中心对应表现中心，分段归纳段意对应列提纲，品词造句对应遣词造句，等等。此时的作文教学存在的主要问题是，命题作文脱离学生实际，学生谈文色变。

吴教授接着介绍了课程改革背景下的作文教学，用"3353"来概括新课改的作文教学理念。3个提倡：提倡自由表达，提倡想象作文，提倡表达独特感

受。3 个目标：培养写作兴趣，建立与生活的联系，培养创新意识。5 个方面：少写命题作文，写实与想象作文相结合，题材不拘形式，淡化文体而灵活运用，开拓思路自由表达。3 个学段：低年级乐于写作，中年级不拘形式，高年级富有个性。

　　吴教授最后谈到了作文教学改革的出路。生活、兴趣、阅读、思维训练、语言训练是习作的五大要素。需要面对的问题：自由写作与规范写作有何关系？以谁为主？阅读与写作如何结合？现行教材是以阅读为本位的综合性教材，阅读教学应当以理解为中心，不过不是以理解内容为中心，而是以理解语言文字是如何表达情感为中心。写作教学以表达为中心。张志公先生认为，应该听、说、读、写相互联系，各成体系。（吴教授顺便介绍了语文三老：叶圣陶、张志公、吕叔湘。）

国培随笔之二：徐鹄教师作文教学报告

作文教学的现状

作文教学到了非改不可的地步。现状令人担忧。但仔细想想，为什么作文教学始终不尽如人意呢？原因：第一，大纲表述不清楚。第二，没有明确的作文教材。第三，没有成体系的作文教学理论。第四，教师本身的问题。光有知识有写作技能，就能解决问题吗？不是。

作文的本质

作文，最本质的含义：是用自己的语言表达自己的思想。用自己的嘴巴说别人说过的话，或者说别人要你说的话，那不叫作文。包括许多作文训练，都是鹦鹉学舌，那不叫作文，充其量是作文的基本功训练。很多事情没有解决就是因为写的不是自己的事情。作文说到底是人的精神活动，言为心声，是心灵的沟通。

这次大纲，要让孩子懂得作文是自己的表达，但是教材还没有跟上，没有体现。人生在世，需要沟通，除了说就是写。说是口头作文，得出结论；作文是自身生活的需要，也是社会的需要。不能为了学会技能技法，成为应付考试的工具。希望在骨干教师的心里燃起一把火，如果不改变，作文是不会有出路的，这并不是危言耸听。联合国调查了21个国家，中国孩子的计算能力排名第一，想象力倒数第一，孩子变成了考试的机器，变成了题海战术的牺牲品。要培养创新人才，没有独立思考的能力，没有创新能力，就没有希望。

作文教学的目的

只是为了写好一篇篇作文吗？

教给孩子一种意识：作文是交际的工具，写了一定要有用，为用而学的，平时把它降格为考试的工具。作文教学的立足点必须转移，站在作文的角度上永远搞不好作文，要站在生活的大背景之下才能写好作文。现代教育改革必须学陶行知先生，他把世界先进的教育理念引到中国来。他是杜威的学生。陶行知是中国现代教育的开创者，他发展了杜威的理论，生活教育理论是最典型的。四句话：生活即教育，社会即学校，要用生活来教育，要为生活而教育。

国培随笔之三：研究常规课

今天，班主任唐懋龙作了题为《小学语文常规课》教学的讲座。

为什么要研究常规课？小学语文教学的现状是：经过六年的学习，学生的语文能力应基本过关，可事实相差甚远。课堂教学是决定教学质量的核心要素，公开课远离了语文教学实际，并没有对提高教学作用起到应有的作用。由此，唐教师提出了常规课的概念，即经常性的符合语文学习规律的促进学习主题言语发展的课堂教学形态。

怎样研究常规课？语文教学中存在大量似是而非的东西，如工具性与人文性统一，三维目标，教无定法，感悟积累运用，自主合作探究，预设与生成，过程比结果更重要……唐教师介绍了两种教学理论：一是哲学与经验取向的教学论，二是科学实证型的教学论。提出了三点主张：接受现代科学心理学指导，指明研究方向；常规课教学设计的开发，提供操作工具；科学实证型的校本研修，实现质量提升。

研究学习与学习分类。学习是通过后天经验引起的能力和倾向的相对持续变化。学习分类的几种方法。梅耶的信息加工心理学的分类：陈述性知识，说什么；程序性知识，做什么？加涅的理论分类：言语信息、智慧技能、认知策略、动作技能、态度。语文教学目标分类和层次。比如，从语文技能的角度来看，可分为基本技能和高级技能，基本技能属于语感层面，高级技能属于文感层面。

研究课堂教学。案例一《草地夜行》，以故事情节为主线，一人行，两人行，背着行，又一人行。以语感训练为主线，体会准确用词，领悟词语的不同形式和结果。文中关于"死"的说法有四种：不能再革命，丧命，牺牲，夺取了生命。引导学生在思辨中培养语感。案例二《雨中》，抓住描写苹果的三句话进行语感训练。红艳艳、黄澄澄、滴溜溜的苹果，亮晶晶的光芒。

课堂教学的一致性问题。教学目标，去哪里？教学活动，怎么去？教学评价，去了吗？三者要一致。质疑三维目标，改为二维目标：知识与技能，情感态度与价值观。正确流利有感情地朗读，分为正确流利朗读和有感情地朗读目标：前者是属于动作技能，是节奏朗读，应在一、二年级完成；后者属智慧技能，是情韵朗读，只要情动于中就能水到渠成。不需要训练，恋爱中的人都会甜言蜜语，愤怒中的人自然会大声呵斥。

语文教学的应有形态：单项技能的教学，单篇课文的教学，单元整组教学，综合能力的教学，词语教学。案例《鱼游到了纸上》，工笔素描，挥笔速写，单项技能教学。动作神态心理描写，总分结构，承接结构。嵌入式单项技能训练，案例《全神贯注》，语言动作神态描写。篇章结构教学案例《母亲》，单篇课文教学。案例一《落花生》，详略得当，种花生那么长时间，为何略写，议花生仅一个晚上，为何详写？句子的不同组合方式与表达效果：好看，有用。复杂句子的句式训练，讲体面，对别人有好处。案例二《开国大典》，场面描写，面、点、情。单元重组教学。

关于习作训练。案例，六上第八单元，写出自己的艺术感受。阅读教学教语文能力。

关于课堂教学评价的思考。语文课，是教课文还是教语言、语文味。教学内涵，教知识还是教技能、语能味。教学效果，是否学会了语效味。

以语文素养看语文教学。语文素养，即语文能力和文化素养的结合。语文能力靠科学的训练。语文知识、语文能力，遵循共性规律。文化素养靠感悟积累。经典诵读，诗意语文，海量阅读，倡导个性化教学。

对人文性解读。让学生拥有坚实的语文基本功就是对学生最大的人文关怀。

国培随笔之四：考察上海童园小学

12月6日，我们到了上海童园小学。这是一所私立学校，坐落在上海的老城区闸北区。

我们听了该校教师冯馨的一节中年级语文课《扬州茶馆》。这是一节富有语文味、语能味、语效味的语文课。在冯教师不动声色的引领下，在《茉莉花》温婉优美的旋律中，我们走进了扬州，走进了朱自清先生营造的文本世界。这节课板块清晰，各有侧重，理解内容，关注表达，培养学生的语文能力各项内容揉捏组合地恰到好处。这就是教学的艺术。不足之处，这节课有秀的成分，烫干丝一部分选择训练承接结构比抓动词更合适。

随后，徐根荣校长为大家作了题为《语文教学必须实现大转变》的报告。徐校长是上海市特级教师，上海二期课改语文教材主编，年近古稀，依然精力充沛，平和、慈祥、敦厚。谈起语文教学，如数家珍，尤其是谈到动情之处，慷慨激昂，滔滔不绝。清人有言，少年读书，如隙中窥月；中年读书，如庭中望月；老年读书，如台上玩月。套用这句话，青年教师之于教育，如隙中窥月；中年教师之于教育，如庭中望月；老年教师之于教育，如台上玩月。斯言之于徐根荣教师，是妥帖的，不论年龄、教龄，还是徐教师对语文教学的建树和造诣。

徐校长首先分析了当前语文教学的现状是以理解为中心，从理解到理解的教学。大体包括三个环节：初步感知，整体理解；分段精读，部分理解；总结归纳，整体理解。徐校长提出，真正的语文教学应以表达为中心。课标明确提出要正确理解和运用祖国的语言文字，重点应放在运用上。

徐校长指出，语文教学正处在历史转型期。要实现由理解为基础向以表达为重点的转变，要从理解走向运用，从分析走向表达，要构建以阅读理解为基础，以表达运用为重点，以语文技能培养为目的的语文教学新体系。案例一《太阳》的结尾，一句话，没有太阳，就没有这个美丽可爱的世界。抓住"一句话"

三个字，引导学生思考还可怎么说，比如总之、总而言之、言而总之、概括地说、一言以蔽之、综上所述，再比较为什么要用"一句话"这三个字。案例二《美丽的小兴安岭》，比较融化、溶化、熔化三个词语的细微差别。徐校长还讲到，教学中要注意培养学生研究推敲应用语言的习惯和兴趣，语言运用和表达要选好训练点。

国培随笔之五：国际视野下的小学语文课程改革

　　今天下午，吴忠豪教授作了题为《国际视野下的小学语文课程改革》的讲座。吴教授对小学语文教学的现状进行了深刻的批判和反思，并提出了明确的建设性的重构的方向和方式，针砭时弊，切中肯綮，发人深省，会场多次爆发掌声，在听课者的心中产生了强烈的共鸣。吴教授是本次培训的首席专家。听他的讲座，感受最深的是他的思想，这种思想一点儿也不空洞，不玄妙，而是把脉准确，一针见血。这才是真正有价值的思想！

　　现状，阅读还是讲读？语文教科书是文章的集锦，形成了以阅读为核心的语文课程，读的强势化，造成了听说写的边缘化。阅读应当是自主读书，我们把阅读上成了讲读。语文课程内容相对稳定，而语文教材不断更新，作为课程实施者的教师，语文教学存在着经验化和随意性的问题，课程内容无序而低效。

　　追问，教教材还是教语言？语文教学的两种方式：内容解读型和语言学习型。香港教师上《毕加索与和平鸽》，用10分钟左右的时间理解内容，其余时间通过做流程图的方式，训练学生学习动词及修饰动词的副词的使用，先示范，然后让学生练习，再让学生观察表演，现场运用，课后回家进行巩固训练。（吴教授顺便谈到，到日本课堂听课，教师不是坐在后面，而是坐在前面，注重观察学生的学习效果。）当前，普遍存在的文本解读式的课程形态与培养学生正确理解运用语言文字的目标是不对称的，应当理解与运用并重，并朝着运用的方向发展。崔峦先生也明确指出，跟内容分析式的语文教学说"再见"。

　　重构，语文课程形态。一要把儿童的语言发展放在首位。要实现语言的输入和输出，内化和外化的平衡，没有输出，掌握一门语言是不可能的。比如，薛法根组块教学，根据教学目标设计板块。语言重组练习，以小骆驼的口吻说说驼峰的用处。哪吒闹海，龙王怎样告状，哪吒怎样申辩，以不同的角色，用不同的口吻进行描述。再如，贾志敏语言训练三部曲，入乎其内，化乎其中，迁移运用。二要凸显阅读方法的学习过程。语言教育与文学教育的差别：语言重应用和表达，因此重实践。文学教育重审美和欣赏，注重感悟。学习方法的指导过程，学习领会—指导运用—尝试独立运用—反思总结。三要构建适合语文学习的课型，语文课、作文课、读书课。要正确把握语文课的目标，侧重语言的积累、方法的指导、表达的实践。基于上述目标的语文课流程设计：自主阅读—方法指导—表达实践。这种课型的基本特征是：有规定的表达实践时间，有明确的方法指导内容，有具体的成果评价指标。四要探索结构化的语文课程内容。当下的语文教学好比让学生坐在副驾驶座位上看别人开车，要明确把学生带到哪里去，怎么带去，是否带去。要按照先明确课程内容和阅读方法，再编排篇目的思路，重构语文课程。

国培随笔之六："课文"不是语文"课程"唯一的内容

课程内容应该来解决"教什么"的问题，教材内容主要来解决"用什么来教"的问题。一位语文专家指出"70%的课题教学问题都源于教师研究教材和把握教材的欠缺"。分享了于永正、薛法根等几位大师的教学设计后让我意识到，我们对"教材"的理解真的是非常肤浅，我们所倡导的"文本解读"也很片面。

由此我在思考：一位优秀的语文教师，应该构建自己的语文课程，应该制订好规划，通过三年或者六年让孩子们的语文素养因为教师的大语文观而得到提升，因为循序渐进的学习方法而螺旋上升，因为拓展语文学习的空间而感受到语文学习的乐趣。当然，教材的解读也至关重要，如何利用教材来教语文，语文教师要有正确而全面的认识，这也是叶老所讲的"教材无非是个例子"。但是究竟教师怎样理解，怎样定位，怎样实施，怎样建设自己的语文课程……这里面大有文章可做。当然，我们也应该转变评价"教课文"或者"教语文"的标准，要把学生学习后在语文知识或者语文学习行为上有什么收获或者发生了哪些变化作为依据。

国培随笔之七：微格课堂观察，让听评课走向科学

今天上午听丁炜教师的主题讲座《微格教学与课堂观察》，收获很多。

课堂观察，顾名思义，就是通过观察，对课堂的运行状况进行记录、分析和研究，并在此基础上谋求改善学生课堂学习、促进教师发展的专业活动。作为专业活动的观察与一般的观察活动相比，它要求观察者带着明确的目的，凭借自身感官及有关辅助工具（观察表、录音录像设备），直接（或间接）从课堂上收集资料，并依据资料做相应的分析、研究。

传统的听评课方式存在哪些问题呢？

"首先是简单处理，集中表现在四点：一是进入课堂时，听评课者自己没有充分准备，也没有与上课者进行有效的沟通；二是听课过程中主要关注教师单方的行为，没有对学生的学习给予足够的关注，评课时缺乏有证据的观点，漫谈式、即席发挥式话语过多；三是评课结果往往只是体现为一个无法解释的分数；四是使用结果时往往错误类推，以一堂课类推教师的其他课。"

"其次是'为听评课而听评课'。"大多数教师把听评课当成任务来做，造成教师们开课并非出于主动的为了自身专业发展和学生有效学习的愿望，而是迫不得已完成学校安排的任务。

最后是评课的形式化，很多参与听评课的教师在发言时，要么大而全，要么过于客套，要么由专家或教研员把课堂变成了"一言堂"。对传统听评课群体中存在的三种独立角色进行了描述：一是"评课专业户"，该类人自己很少或几乎不上课，然而评课是他们的中心工作；二是"模仿专业户"，听课仅仅是为了模仿；三是"听课任务户"，即听课就是为了听课，没有问题，不去思考，甚至也没有任何反馈，按规定填写"听课手册"了事。"简单处理、任务取向、不合而作"的现象一定程度地说明了听评课应有的专业性的丧失。

课堂观察，让听评课走向科学。"课堂观察"方式，对改善学生课堂学习、促进教师专业发展和形成学校合作文化等都有极其重要的意义。

国培随笔之八：再谈小学语文常规课教学

衡量、评价课堂教学活动是否有效，要从教学过程的 3 个关键环节来观照。

1. 教学目标：你要到哪里去？

2. 教学活动：你怎样到那里去？

3. 教学评价：怎样确信你到了那里？

语文课堂教学是决定语文教学质量的核心要素。一个语文教师一学期要上两百来堂语文课，一个学生在小学六年的语文学习中要上两千多堂语文课。如果再拓展视野，一个学期全县八百多名语文教师大约要上十万堂语文课。正是成千上万的课堂教学质量决定了全县小学语文的教学质量。然而，长期以来最大的缺失正是对这类关系到语文教学质量命脉的课堂教学研究。

语文教学与实践联系最紧密的问题是"教什么"（教学内容）和"怎样教"（教学方法）的问题。长期以来，语文教学主要关注的是"怎样教"，热衷于教学方法和教学模式的研究，"教什么"即教学内容的研究薄弱。

从我们的教科研工作形态看，实际上存在着两条路径：第一条是以少数优秀的或具有潜在优势的教师为主要对象组织开展的教科研活动，第二条则是以广大基层教师为对象组织开展的教科研活动。

其中的一个盲点式的问题，就是对常规课教学研究的严重忽视。

传统的教学常规管理大致包括了备课、上课、作业、辅导、考试 5 个方面的内容。而从学校教学的实际情况看，上述教学常规管理并没有为提高语文教学质量做出应有的贡献，反而不适当地加重了教师的负担，产生教师厌教的不良效应。

国培随笔之九：语文教学必须要有一个大的转变

当前的小学语文教学正处在一个历史的转型期，即从以理解为重点向以表达为重点发生转变，从无效和低效向有效和高效发生转变。

第一，从讲解走向读书。文章不厌百回读，三分文章七分读。学习规范的、精彩的、有表现力的语言。熟读成诵，充分地把文本的语言吸收到头脑中。过去的课堂教学，反复讲解，反复提问，反复讨论，浪费了太多时间，无效。

第二，从理解走向运用。数学课给了我们很好的启示。数学例题讲解之后，教师会出示各种层次的训练，并进行反馈，直到解决问题。把"练"插进语文课，好像"人文性"弱了。实则不然，"人文性"，是学生在学习语言文字的过程中慢慢熏陶的，不是喊口号或者讲大道理讲出来的。

语文教学不能停留在理解，不要在理解的层面上兜来兜去。

第三，从分析走向表达。我们现在学的多是白话文，没有多少讲解的必要。相反，在阅读的基础上，不露痕迹的语文训练，每节课哪怕几分钟呢，积少成多啊，孩子们的语文能力会有很大的进步。

总之，语文课要上出语文味，就要"以阅读为基础，以表达为重点"来组织教学。

国培随笔之十：语文课堂教学的目标要明确

教学目标就是预期的学生学习的结果。

1.指导学生的学：明确具体的目标能引起学生注意，激发学习动机。

2.指导教师的教：教学必须围绕教学目标进行，离开教学目标难以评价教学工作的优劣。

3.指导教学评价：教学评价必须参照教学目标。与目标无关的题目一律不出。

教学目标陈述中的常见错误：

1.以教师为主体来陈述教学目标：使学生……，帮助学生……，培养……。

2.使用含糊不清的术语陈述目标：掌握……，初步学习……，体会……，继续训练……，认识排比句。

3.陈述学习的过程或内容而非学习的结果。

如：学习课文第三自然段；学习按时间顺序分段的方法；通过自学、讨论、探究，培养学生辩证思维的能力。

4.目标陈述空泛，把课程目标作为课时目标。

如：培养学生遣词造句的能力，培养学生的思维能力和对祖国大好河山的热爱。

举例：［语文教学目标］了解句子在文章中的过渡作用。

问题：陈述含糊。

改正：能指出课文中的过渡句并说明这些句子是如何发挥过渡作用的。

语文教学目标的陈述方法：

记忆类

表述	举例
能说出	能说出《海上日出》一文的作者。
能记住	能记住陈述句改写为反问句的方法。

能读出	能正确读出句末"啊"的读音。
能写出	能写出本文要求掌握的"四会字"。
能背诵	能背诵课文第二自然段。
能识别	能识别出"戎"和"戍"。

理解类

能解释	能解释"凛冽""瑞雪"的意思。
能说出	能说出课文的主要内容。
能复述	能详细复述《盘古开天辟地》。
能举例	能举出结构是"总—分—总"的课文的例子。
能描述	能用课文的语言描述小台灯的样子。
能朗读	能有感情地朗读全文。
能识别	能识别按照事情发展顺序写的段落。
能举例说明	能举例说明人的才能不是天生的，才能是来自勤奋的。
能概括	能概括最后一段的主要内容。
能预测	看见课题能预测本文的题材（或者内容）。

语文教学首先要解决的是教学目标问题。

语文教学目标要树立目标分类的思想，不同类别的目标教学需要不同的教学方法。

语文课堂教学的主导目标：

1.语文基本技能：运用语言文字表达自己思想情感的技能。

2.语文高级技能：作文与阅读。包括篇章学习中的分段、布局、选材、详略等读写策略。

国培随笔之十一：怎样才是一堂完整的好课

　　长期困惑语文教师的一个难题："怎样才是一堂完整的好课？"为了学生的学习和发展，教师往往会感到课堂教学时间不够，预设的教学计划难以完成，甚至因产生一堂"不完整的课"而备受指责。而为了完成预定的教学计划，上一堂完整的课，又不得不在很多时候硬拽着学生走，使学生成为陪衬。要两全其美似乎很难，很难。

　　其实，这个问题的关键是如何理解"完整"。这就要从学习论的角度看问题。学生的学习是有一个独立完整的过程的。学习知识有一个从不懂到懂的过程，技能掌握有一个从不会到会的过程，技能的自动化有一个从不熟练到熟练的过程。而教师的教是为了帮助学生的学，因此，教师的教是没有也不应该有一个独立完整的过程的。道理很简单，没有教师的教，学生也可以学习，即自学；而没有学生的学，教师的教就有点稀奇古怪了，总不能也来一个"自教"吧。

　　由此，上述问题就不答自明了。怎样才是一堂完整的好课，学生在课堂上的学习有一个明确的目标，学习某项知识或技能有一个从不懂到懂，不会到会，或者不熟练到熟练的过程，就是一堂完整的好课，在此基础上来观照教师是用什么方法达到这样的效果。而长期以来语文教学大都是从教师的教出发，学生仅仅是陪衬，由此形成了一个荒唐而顽固的"要上一堂完整的好课"的潜规则，听课评课往往是从教师教的角度出发，这就迫使教师不得不去上"能体现一个完整的教学过程"的课，学生也就不得不可悲地作为道具，跟着"完整的教学过程"去蹒跚地走迷宫。这次大家听的几堂课也不同程度存在着这些问题。

国培随笔之十二：有效的语文教学至少需要有三个过程

教师把握教材的能力，直接影响课堂教学效果。

教师教材把握力，包括这样几个方面：一是有目的地解读文本的能力，二是以自己的话语逻辑地阐述见解的能力，三是视不同的目的和场合进行适当表达的能力，四是酷爱读书的能力。

如何分析教材呢？叶老讲，作者思有路，遵路识斯真。路，即作者的思路，也就是作者为了在一篇文章中清楚地表达自己的某种思想感情并引起读者的共鸣。

有效的语文教学至少需要有三个过程：第一个过程是运用语言文字理解课文的主要内容，把握作者的思想感情；第二个过程是在此基础上，以课文的思想情感内容为背景，学习课文的语言文字及其组合方式，领悟文本形式表达的功能和效果，掌握语文知识；第三个过程是在前两个过程的基础上，通过规则和例子的组合学习，以及变式训练，将知识转化为技能。"教不会"现象的病根很可能就在于缺少了第三个过程的教学。要特别指出的是，这三个过程不是线性顺序的组合排列，而是不断交叉回旋的复合式系统结构。语文教学的复杂性就在这里。

有效的语文教学有学习内容、理解表达、运用语言三步骤。

国培随笔之十三：小故事　大道理

今天，上海师大初等教育系副教授丁炜女士做了题为《微格教学与小学语文教学观察》的讲座。丁教授亲切随和，思路清晰，既有理论阐释，又有案例解读，还有叙事启发，清楚明白，受益匪浅。尤其是丁教师在报告的前、中、后阶段，引用的 3 个案例，深入浅出，生动明了，让人不得不佩服案例对于阐释理论的重要作用。

讲座伊始，丁教授首先出示了一张美丽的图片，看上去好似一张风景照。让大家说看到了什么。晚照、彩云、树林……大家猜得不亦乐乎。丁教授未置可否，接着出示了一张玉石的照片，大家恍然大悟，刚才的图片是玉石的局部放大。这说明从局部入手，获得意外的收获。丁教授接着讲解微格教学就水到渠成了。微格教学就是用分析思维的方式，把整体分割开来，对一个个单元进行研究，使教学、观察、反思相联系，形成完整的系统。

为了说明建构主义理论，丁教师讲了一个鱼就是鱼的故事。大意是，有一条鱼，它很想了解陆地上发生的事，却因为只能在水里呼吸而无法实现。它与一个小蝌蚪交上了朋友，小蝌蚪长成青蛙之后，就跳上了陆地。几周后青蛙回到了池塘，向鱼汇报了它所看到的情景。青蛙描述了陆地上的各种东西：鸟、奶牛和人。鱼根据青蛙对各种东西的描述，头脑中形成了各种东西的图画。每一样东西都有鱼的形状，只是根据青蛙的描述稍做调整：人被想象成了用尾巴走路的鱼（鱼人），奶牛是长着乳房的鱼（鱼牛），鸟是长着翅膀的鱼（鱼鸟）。建构主义认为教育是经验的产生和重组。鱼是重新组装自己原有的知识经验，构造起对新知识的理解。这则故事对建构主义的核心要义做了最为直接的表达、形象的注解。

最后，丁教授给大家讲了一个小老鼠的故事。在荒漠上有一只孤独的小老鼠，面对茫茫大漠，他感到很恐慌，后来他发现了一堵墙。有了墙就会有人家。想到这里，小老鼠非常兴奋，就沿着墙角一路飞奔，在墙的尽头，他发现了一个缺口。小老鼠迫不及待地钻了进去。他哪里知道，那是猫的嘴巴。这个故事启示我们，在学习他人、输入信息的时候，要学会消化吸收，辩证地看待问题，不要迷失自我，要拥有自己的教育主张。

国培随笔之十四：行动研究与名师名校长成长

学会观察

生活不缺乏美，而是缺乏发现美的眼睛。教育中不缺乏研究对象，而是缺乏善于发现对象的眼睛。在日复一日的重复中，我们大多是审美疲劳，对教育中的现象和问题，往往熟视无睹，因此观察和发现是第一位的，是开展研究的前提。

善于总结和提炼

农民收起来的地瓜，大小不一，应该根据块头进行分类整理。同样的道理，研究过程中的素材资料丰富多样，也需要根据情况进行分类梳理，为总结提炼做好准备。提炼研究成果需要运用比较的视角和理论的视角，跳出研究看研究。要想做好此项工作，需要广泛涉猎他人的研究成果和最新研究动向，需要专家的引领，需要同伴的互助。我想，所谓"旁观者清，当局者迷"，所谓"听君一席话，胜读十年书"，所谓"三个臭皮匠，赛过诸葛亮"，说的就是这个道理。这是行动研究最见功力的环节。

付诸行动

这里有天津宝坻一中马长泽校长《教师第一》和大港五中的"互动态"作文教学成果等两项研究案例。马长泽校长的研究主要包括三个层面：一是推动教师团队建设，培育合作型学校，着力建设三个团队——年级组、备课组、班级组；团队建设的两项改革，真正赋权的扁平化管理模式和以相互欣赏为原则的聘任制改革。二是推动教师向学生学习，亮点是开展学生评教18条活动，并以适当的方式向教师反馈。三是推动教师学习，培育学习型学校，两项抓手：青蓝工程和草根式、小课题研究。"互动态"作文教学成果主要包括两大方面：一是作前导学课，包括命题作文、活动作文、写作方法指导课；二是作文讲评课，包括佳作欣赏课、潜力提升课、班级作文竞赛课、网络作文交流课。

聆听　碰撞　反思

为期 15 天的国培班学习结束了！15 天前，我带着渴望走进上海师大。15天后，我带着满满的收获而归。

专家报告——在聆听中提升

这次培训，听了十几场专家报告，有一个很突出的体会是：语文教学要来一个美丽的转身，要和内容分析说再见，要转向理解课文内容和语言表达运用并重，即"语文课要上出语文味"。

当前的小学语文教学正处在一个历史的转型期，即从以理解为重点向以表达为重点发生转变，从无效和低效向有效和高效发生转变。

第一，从讲解走向读书。

文章不厌百回读，三分文章七分读。学习规范的、精彩的、有表现力的语言。熟读成诵，充分地把文本的语言吸收到头脑中。过去的课堂教学，反复讲解，反复提问，反复讨论，浪费了太多时间，无效。

第二，从理解走向运用。

数学课给了我们很好的启示。数学例题讲解之后，教师会出示各种层次的训练，并进行反馈，直到解决问题。把"练"插进语文课，好像"人文性"弱了。其实不然，"人文性"，是学生在学习语言文字的过程中慢慢熏陶的，不是喊口号或者讲大道理讲出来的。

语文教学不能停留在理解的层面，不要在理解的层面上兜来兜去。

第三，从分析走向表达。

我们现在学的多是白话文，没有多少讲解的必要。相反，在阅读的基础上，不露痕迹的语文训练，每节课哪怕几分钟呢，积少成多啊，孩子们的语文能力会有很大的进步。

总之，语文课要上出语文味，就要"以阅读为基础，以表达为重点"来组织教学。

行动研修——在交流中碰撞

这次国培班学习，除了听专家报告和到名校考察以外，让我们非常高兴的是课程中还安排了"研修工作坊"。团队成员分工合作，教授指导，学员碰撞，我们在一次一次的磨课和研课中争得面红耳赤，最后达成统一。

第一次，基于教学经验的教学设计，我们依然割舍不了很多已有的经验，总想把我们知道的东西一节课内都教给学生，既想教生字，又想教词语，放不下内容的理解，又想关注到表达。

第二次，忍痛割爱，先确定明确的教学目标，明确到每一个教学目标都必须具有可测性。于是我们开始取舍，凡是不是训练目标之内的内容全部舍去，理出清晰的思路，设计合理的步骤。

第三次，微格教室里，执教教师一边讲课，我们一边讨论修改。比如：这个支架放到这里合不合适，这句话该用什么样的语气来读，这个问题该怎样引导……一个环节一个环节，甚至一句一句地琢磨再琢磨，直到最后达成共识。

上课了，更是忙得不亦乐乎。按照课前分工，有人观察教师教学行为，有人观察学生应答状态和质量，有人观察学生注意力，还有人负责前测和后测……每个人都带着观察任务听课，真可谓聚精会神！

下课后，数据统计、汇总、分析、反思……全组人员会心一笑，这课上得真不容易！也真叫用心用神啊……

名师讲课——在欣赏中反思

这次培训，有幸听到了于永正等多位名师的课。

于老师的课，让我们走进了语文教育的殿堂——声情并茂的朗读，端庄有力的汉字，流畅自如的表达，情真意切的流淌，润物无声的引导，平等交流的对话，学生生命的成长就在课堂上被唤醒，仿佛能听到每个生命拔节的声音……

于老师的课，让我们享受到了语文教师的幸福——亲切的交流营造了温馨宽松的学习氛围，循序渐进的引导让学生的语文能力越来越强，层层推进的教学设计促使学生步步提高，平等对话中折射出的是无痕的教育……

回味各位教师讲课的精彩之时，我不得不思考：他们为什么能成为名师。

我想，名师之所以成名，除了因为他们高尚的师德修养、敬业的工作态度，最重要的应该是有执着的专业信仰和专业追求。

第三编　泉城研修随想

济南研修随笔之一：敬畏规律，尊重科学，改革创新

围绕教育教学的追问

1.教师教得好是以学生学得好为出发点。教师在课堂上一味追求教得好，是非常危险的。

2.既为考试而教，也为发展而教。从关注分数，到关注能力和习惯。

3.队伍建设既要规范，又要解放。解放教师，追求个性，把每位教师的优势发挥到极致。没有校长、教师的正常的工作生活，就没有孩子正常的学习生活。

4.追求结果有效，更要追求过程有效。高效课堂，还是追求有效学习，把结果和过程结合起来。

哈佛大学埃尔默关于提高学习和成绩的三种方式

1.提高教师的知识与技能。

2.改变教学内容。必须改变学校课程，教师要研究课程标准，把标准放在心中，要做自己的课程。

3.转变学生与教师、学生与教学内容之间的关系。教学因吾而不同："语文主题集结教学"，"高品位阅读教学"，"批注式阅读教学"。

内生革命，促进中小学的自组织变革

1.一切真正的教育，都源于对生命的敬畏与尊重。

2.任何真正的变革，都源于对生命的敬畏与尊重。

3.内生的革命，离不开自组织的发育。

4.内生的革命，离不开空间的改变。

5.内生的革命，离不开制度的保障。

6.内生的革命，离不开微观事件的追问。

7.内生革命离不开关键人物的引领。没有名师，就没有名校。用新习惯取代旧习惯。

济南研修随笔之二：听张志勇副厅长
关于"《规划纲要》与基础教育改革"的报告

2010 年 12 月 26 日上午，在省城济南第二次齐鲁名校长人选培训工作会议上，张志勇副厅长做了"《规划纲要》与基础教育改革"的学术报告，重点围绕《国家中长期教育改革和发展规划纲要（2010—2020 年）》（以下简称《纲要》），论述了十个问题。

把基础教育纳入科学发展新轨道

这句话意味着什么？推动我国教育事业的科学发展，已成为我国教育改革和发展的重要指导方针。

《纲要》关于我国教育事业发展的指导思想有 3 条：

1. 高举中国特色社会主义伟大旗帜，以邓小平理论和"三个代表"重要思想为指导，深入贯彻落实科学发展观，实施科教兴国战略和人才强国战略，优先发展教育，完善中国特色社会主义现代教育体系，办好人民满意的教育，建设人力资源强国。

2. 全面贯彻党的教育方针，坚持教育为社会主义现代化建设服务，为人民服务，与生产劳动和社会实践相结合，培养德智体美全面发展的社会主义建设者和接班人。

3. 全面推进教育事业科学发展，立足社会主义初级阶段基本国情，把握教育发展阶段性特征，坚持以人为本，遵循教育规律，面向社会需求，优化结构布局，提高教育现代化水平。

基础教育科学发展必须转变教育方式。

坚决反对三种教育观："时间加汗水"，"白加黑"，"七加二"。

坚持三种科学的教育观：回到规律办教育，依靠科学抓质量，通过改革找出路。

始终不渝地坚持素质教育的战略主题

坚持以人为本、全面实施素质教育是教育改革发展的战略主题，是贯彻党的教育方针的时代要求，其核心是解决好培养什么人、怎样培养人的重大问题，重点是面向全体学生、促进学生全面发展，着力提高学生服务国家服务人民的社会责任感、勇于探索的创新精神和善于解决问题的实践能力。

"三个坚持"：坚持德育为先，坚持能力为重，坚持全面发展。

树立科学的质量观，把促进人的全面发展、适应社会需要作为衡量教育质量的根本标准。树立以提高质量为核心的教育发展观，注重教育内涵发展，鼓励学校办出特色、办出水平，出名师，育英才。

以"德育为先"为指导重建基础教育

道德教育缺位：中小学教育的危机。

应试教育下的学校德育的危机：

1. 应试教育丢掉了人。

2. 师生交往冷落了人。

3. 统一的教育扼杀了人。

4. 日常教育不尊重人。

5. 学校管理背离了人。

6. 德育工作脱离了人。

立德树人：把德育工作放在学校教育工作的首位，必须持之以恒，常抓不懈。

学校教育工作的出发点和落脚点：德不立，则人难成；德立，则人易成。

建设道德学校：学校必须是道德的。

今天的许多学校是道德的吗？

如何看待"两张"课程表现象？

如何看待应对督导检查的问卷训练？

如何看待教师告诉学生不能说作业多？

大力推进教育公平

《纲要》把促进教育公平作为国家长期坚持的基本教育政策，强调"坚持教育的人民性，办好每一所学校，关注每一位学生"。

基础教育推进教育公平，有3个基本要义：

1.切实推进义务教育均衡发展。

战略地位：明确义务教育重中之重的地位。

战略目标：到2020年，全面提高普及水平，全面提高教育质量，基本实现区域内均衡发展，确保适龄儿童少年接受良好的义务教育。

战略任务：均衡发展是义务教育的战略性任务。建立健全义务教育均衡发展保障机制。推进义务教育学校标准化建设，均衡配置教师、设备、图书、校舍等资源。

实施中小学校舍标准化建设工程。以教学用房和学生生活用房建设为重点，着力解决大班额及功能教室不足问题，满足寄宿生住宿和就餐的基本要求。

实施教育教学装备标准化建设工程。以实验教学仪器和图书资料配备、教育信息化建设和探究实验室、通用技术实验室、综合实践活动室、体育卫生与艺术设备、学校场地标准化等建设为重点，提高教育教学装备水平。

实施教师配备标准化建设工程。完善中小学教职工编制管理，逐步实行城乡统一的中小学编制标准，加强县域内教师的交流与调配。

2.建立基础教育质量保障机制。

建立国家和地方教育质量监测体系：包括课业负担、学业质量和学生身心发展水平等。

建立学校教育质量保障体系：包括课程教材研究体系、教育教学目标与教学材料开发体系、课堂教学实施监控体系、学生学业质量与发展监控体系等。

3.最大限度地满足每个学生的个性发展。

要建立3个体系：

①必修课程差异教学体系。

②选修课程个性发展体系。

③特殊儿童个别指导体系。

把课程改革作为基础教育改革的核心

种瓜得瓜，种豆得豆。有什么样的课程，就有什么样的教育。

1. 开齐开足开好课程。

2. 调整课程教学内容，整合课程资源。

3. 建设有山东特色的课程体系。

重视基础教育地方课程建设，完善统一与分散相结合的地方课程管理制度，切实开好安全、环境、传统文化、人生指导等义务教育必修的地方课程。

更多地面向外界，搭建桥梁和拓展更多的机会。

更强的过渡工作，更好的家长参与和联合的社区。

加快推进人才培养模式改革

人才培养模式改革的关键：

1. 必修课程学习与选修课程学习相结合。

2. 知识学习与思维教学相结合。

3. 书本学习与实践学习相结合。

4. 制度学习与自主学习相结合。

5. 学校学习与家庭学习、社会学习相结合。

强化考试评价制度改革

1. 大力推行中小学日常考试无分数评价。

2. 将初中学业考试成绩和综合素质评价作为高中阶段招生的重要依据。

3. 强化普通高中学业水平考试和综合素质教育评价。

4. 建立保障省内各地学生高等学校入学机会公平的稳定平衡机制。

5. 推动普通高中规范办学与自主招生推荐资格工作。2012 年起将部属高校自主招生推荐资格严格控制在省级规范化学校范围内，部属院校在我省非省级规范化学校的自主招生，我省不予办理相关手续。同时积极争取教育部支持，从 2012 年开始组织省属高校自主招生,对出现严重违规办学被给予黄牌警告以上处分的普通高中，取消其下一年度高校自主招生推荐资格。对严格规范办学的普通高中，适当增加自主招生推荐名额。

6. 实行分类考试。2012 年，实施普通本科院校自主招生，实行本科与专科（高职）分类考试，扩大注册录取试点范围。

7. 扩大院系专家录取试点的范围。强化高中学业水平考试和综合素质评价信息在招生录取中的作用，组建由专家教授组成的录取委员会，扩大院系专家录取试点的范围。2011 年扩大试点范围，2012 年推广至全省普通本科高校。

8. 深化高考命题改革。从 2011 年起，加强与实际生活的联系，改革学科试题结构，强化与基础教育课程改革的对接，体现选修课内容。

9. 加强高考信息管理。从 2011 年起，严格实施高考信息管理，高考成绩数据不再向市、县发放。

10. 研究制定地方党委、政府履行教育职责的评价办法。

高中教育的数字化建设

具体内容略。

加快建立现代学校制度

推进依法办学、自主管理、民主监督、社会参与的现代学校制度建设，构建政府、学校、社会之间的新型关系。

实行政校分开、管办分离，明确政府管理权限和职责，改进管理方式，完善监管机制，减少和规范对学校的行政审批事项。

明确各级各类学校办学权利和责任，完善学校法人治理结构，依法保障学校充分行使办学自主权和承担相应责任。

1. 山东省将大力推进中小学校长专业化。

2. 建立健全教职工代表大会制度，不断完善科学民主决策机制、教师参与学校管理机制。

3. 完善普通中小学校长负责制，实行校务会议等管理制度。

千方百计地加强教师队伍建设

要倡导教育家办学。教育的发展有其自身的规律。我国教育事业要兴旺发达，一个重要条件就是让真正懂教育的人来办教育。因为他们尊重和敬畏教育的价值和规律，拥有系统的教育理论和丰富的实践经验，对教育充满热爱并深深扎根于教学第一线。

一个好教师，可以教出一批好孩子。

一位好校长，可以成就一所好学校。

一批教育家，可以影响国家和民族的未来。

大胆开展面向社会公开招聘各类学校校长的探索和试点，打破级别、资历等条条框框，不拘一格用人才。

济南研修随笔之三：行动研究与名师成长

在第一天的学习中，天津教科院的陈雨亭博士与大家从"行动研究"的角度探讨了名师、名校长的成长之路，对于长期工作在一线的教师如何从事教育、教学、科研极具启发意义，山东城市建设学院的李剑萍院长与大家分享了现代大教育家的教育智慧。两位专家的报告启发我们从科研的角度来审视日常的教学工作，以大教育的高度来面对自己的教育对象，以教育家的定位来规划我们的专业成长。从他们的报告中，我深切感受到教育理论、教育科研、教育观对一名教师的重要。

在长期承受应试教育的压力下，我们很多教师被迫沉溺在习题里，对一些教育理论和高品味的阅读积累往往由潜意识的畏惧转化为习惯性的排斥，认为"这些东西能解决什么问题"，或者"对高考来说这些东西都远水不解近渴"；教师们更希望能讲一些具有"实战意义"的教法，更希望能得到一些能直接"拿来"用到课堂上的外在借鉴。其实，这一切都是只停留在对"术"的"迷恋"层次上，正是这种浅层次的迷恋，使我们疏于对教学本质的探究、对教师自身学科素养的内在积累。概言之，当我们排斥上述这一切的时候，我们就无形中、无意中排斥了对教学"道"的追求。殊不知，正是由于对"道"的疏离，从而使得我们在一些由课改而引发的问题面前常常有一种无力感，不能用积极的心态和有效的手段去面对或应付。

在新课改开始以后，我一直有这样一个思考：一节课到底靠什么濡染学生？一位小学教师写的文章给了我很大的启示，他说：一节课的价值靠的是大家能看到的掌声、泪水，都不是，而是靠这节课所传递的思考和内涵。那我们一名教师的真正立足点到底是什么？应该是教师身上自然流溢的精神之美、文化之美，是由内而外、厚积薄发的人性之美、激情之美。概言之，就是高贵而丰满的学科气质。

教师学科气质匮乏，教师就"镇"不住课堂，教育就"征服"不了学生。

这是简单的道理。其实，每一个学科，背后都是一个广博的领域。有人说，一个语文教师，如果从来没有过激情，没有过诗意，没有过精神高地，他就不可能占据孩子的心灵，他的语文也绝不会有感染力；一个数学教师，如果从来不懂得什么是严谨之美，从来没有抵达过数学思想密林，没有对数学理性的深刻体验，那么，他的数学课自然是乏味的，甚至是令人生厌的。因此，教师的专业素养、学科气质是展示这一门学科魅力最重要的基础，而一名教师的学科气质，也决定了课堂的生命力。

一名教师的学科气质不会凭空产生，当我们把教育科研、教育理论、教育观真正融入我们的日常教学之日，这种看不见、摸不着的学科气质才会在我们的身上积聚和产生。以教育家的定位来规划我们的专业成长。从他们的报告中，我深切感受到教育理论、教育科研、教育观对一名教师的重要。

济南研修随笔之四：教育家的人际伦理观

　　蔡元培之人格有传统"醇儒"的圣贤气，其学问以国学为根基，会通中西文化，主张以世界眼光、现代意识、科学方法来对待、整理、研究中国传统文化和传统学术，作为新文化运动的助产士和重要领导者，他对孔子、四书五经始终采取的是理性而恰当的态度。他认为，孔子的精神生活，以智、仁、勇为范围，无宗教的迷信而有音乐的陶养，这是完全可以为师法的；小学生读经，是有害的，中学生读整部的经，也是有害的，但为大学国文系的学生讲一点《诗经》，为历史系的学生讲一点《尚书》与《春秋》，为哲学系的学生讲一点《论语》《孟子》《易传》与《礼记》，是可以赞成的。

　　抱有强烈的使命感和责任感，理想主义与现实主义相统一。教育既是当下的、现实的工作，又是远大的、理想的事业，这种远大的理想、使命和责任，包括人的根本发展、社会的可持续发展、教育自身的健康发展以及它们相互之间的和谐发展。蔡元培区别于一般教育家之处，就在于他抱有强烈的教育使命感，尤其是教育对于人、社会和世界的文化使命感，甚至带有近乎宗教家的情结。

　　兼备容人之量、知人之明、用人之道。一方面，蔡元培具有浓重的传统文人、清流派气息。另一方面，蔡元培善于用人之长，补己之短，将自己的远大理想、使命和责任具体化为各项政策、措施、办法和制度，无为无不为，譬若北辰，群星拱之，终成一代文化教育领袖。他任教育总长时，援引老同事蒋维乔为秘书长，启用共和党人范源濂出任次长，视为左膀右臂；任北大校长时，信任蒋梦麟和胡适，以蒋梦麟为常务副校长，胡适为评议会常务议长；任大学院院长和中研院院长时，先是倚重杨杏佛，任其为大学院教育行政处主任、中研院总干事，后期则以北大毕业生、历史语言所所长傅斯年兼代总干事。蔡元培所用之人的共同特点是，认同他的事业愿景，忠于他的思想路线，聪颖绝伦，能力超凡。

具有非凡的人格魅力，集蔼然与坚定、圣贤气与大丈夫的理想人格于一身。在后人的想象中，有意无意会将蔡元培与蔼然学者、教授治校等"刻板印象"联系在一起。其实，正像鲁迅评价陶渊明——他既有"悠然见南山"的散淡静穆，又有"猛志固常在"的"金刚怒目"。蒋梦麟回忆蔡元培："日常性情温和，如冬日之可爱。无疾言厉色，处事接物，恬淡从容。……但一遇大事，则刚强之性立见，发言作文不肯苟同。"陈独秀则道："一般的说来，蔡先生乃是一位无可无不可的老好人；然有时有关大节的事或是他已下决心的事，都很倔强的坚持着，不肯通融，虽然态度还很温和。"综观蔡元培一生，或有政敌之斗、或有派系之争、或有不满其一事一行者，但都无法否定他的人格。蔡元培之人格立于一个"诚"字，集传统儒家所谓圣贤气与大丈夫的理想人格于一身，像磁石一样聚着大批时代精英。

聆听李校长的以上讲述，心中充满了敬仰、汗颜、鼓舞和鞭策。我敬仰于大教育家的思想、胸襟和智慧。我汗颜于自身视野之狭小，理论之匮乏，相形见绌。同时，我深深地感到身为师者的使命之崇高和责任之重大，受到巨大的鼓舞和鞭策。尽管今后的路很漫长，甚至无法逼近终点，但行者无疆，行走的姿态就是最美的风景。无限风光在险峰，尽然目标已定，便只顾风雨兼程。

济南培训随笔之五：教育家的文化观

　　教育家重要的责任在于创造文化。蔡元培认为，"教育家最重要的责任就在创造文化，而创造新文化，往往发端于几种文化接触的时代"；"东西文明要媒合"，"媒合的方法，必先要领得西洋科学的精神，然后用他来整理中国的旧学说，才能发生一种新义"。

　　"中体西用"。张之洞最早提出了中西文化命题和解释框架。他认为，其作为"体"的"中学"可以概括为三部分，即文化上的儒家经典、伦理上的三纲五常与政治上的君主统治。作为"用"的"西学"可以概括为西方的行政管理体制与措施、科学技术与文化知识以及社会改革与发展规律。至于中学与西学的关系，张之洞主张"旧学为本，新学为用，不使偏废"，"中学为内学，西学为外学；中学治身心，西学应世事"，"讲西学必先通中学"，"欲强中国存中学，则不得不讲西学。然不先以中学固其根柢，端其识趣，则强者为乱首，弱者为人奴，其祸更烈于不通西学者"。可以概括为：中体西用，中内西外，先中后西，中西兼修，体用兼备。"中体西用"观在古今中西之争中，从中国早期现代化的社会政治现实出发，对于中国传统文化的前途、命运以及中与西、新与旧、体与用、道与器、本与末、变与不变等关系命题，进行了初步的理论探索，虽然没有也不可能解决这些命题，但其所提出的这些命题具有敏锐性、全面性与深刻性，对于这些命题的探索历久弥新、历久弥深，迄今无法回避、没有终结。"中体西用"观是中西文化综合论的早期代表。晚清以来，关于中西文化关系主要有传统文化本位论、全盘西化论、中西文化综合论等派别，其中，中西综合论的早期代表就是"中体西用"观，它虽然在理论上还比较粗糙，但它最早地采取温和与务实的态度来思考、处理中西文化关系问题。

　　中国的考试文化与中西知识体系。中国考试文化发达，对于知识体系有塑造、维持的功能。科举制的废除促进了传统知识体系向现代知识体系的演进，也促进了知识价值观和课程价值观的现代嬗变。中国传统知识体系的核心是儒家学说和儒家经典，科举制以利禄为目标激励、以核心价值体系和话语系统为共同规范、奉儒家作品为经典，运用制度力量和价值导向合一的机制，维系、传播、强化着传统知识体系和思想体系。科举制的废除，切断了传统知识体系、思想体系与国家权力之间的制度性联系，儒学地位迅速衰落。在中国这样一个实用理性发达的国度，一旦废除科举制，以儒家思想、儒家经典为核心的传统知识体系既然不能带来功名利禄，而学堂毕业生、留学生借其所掌握的现代知识体系能够谋生谋官，则无论如何煞费苦心地设计修身、读经讲经等课程以维系传统知识体系和思想体系，最终都将不复存在。我们甚至可以说，中国传统知识体系的解体源于废除科举制，中国传统思想体系的解体源于新文化运动。同时，现代教育行政机构、学校的迅速崛起，以及无所不在的各类考试，均以现代知识体系为主要内容，并与谋职就业密切联系，直接影响着知识价值观和课程价值观的现代嬗变。

中国现代教育制度与中国传统文化之关系。儒家学说是中国君主专制制度的思想柱石，是中国传统伦理道德和社会秩序的观念基础，中国传统文化中某些糟粕和落后的方面已经成为中国现代化的阻力和桎梏，中国传统文化整体已经不能完全适应现代社会的要求而必须用现代方法重新诠释和再造。同时，孔子又是儒家学派的创始人和中国传统文化的代表，儒家学说又是中国传统文化的主干，中国传统文化中所谓精华与糟粕又相伴相生而难以截然分离，中国传统文化是维系中华民族和华人的精神纽带，中国传统文化以文化基因的形态遗传、浸润于每位华人而其不自知、不可缺、不能离，学校作为文化的承继、传授者不能也不应完全抛弃孔子、儒家学说和中国传统文化。这正是孔子、儒家学说、中国传统文化在现代所面临的困境，也是中国现代人、现代社会和现代文化、现代教育所面临的重大命题，也留下了中国现代教育制度与中国传统文化之关系的永恒命题。

康有为"虚君共和"论，建议立孔子后裔"衍圣公"为"虚君"，即为国家荣誉和文化象征之君。1912年领导成立孔教会，后任总会会长，在国内外广泛设立分会。

严复积极提倡读经，称"耐久无弊，尚是孔子之书。四子五经，固是最富矿藏，唯须改用新式机器发掘淘炼而已"，"无人格谓之非人，无国性谓之非中国人，故曰经书不可不读也"。

梁启超 1918 年 12 月—1920 年 3 月欧洲之行后，目睹身经"一战"对于欧洲的巨大毁坏以及战后欧洲文化思想界的反思和转向，开始重新审视西方物质文明和科技文明的局限，从世界文明的视域反思中国传统文化，思想发生一大转折，以其所著《欧游心影录》为代表，呼吁尊重、爱护本国文化，并用现代的、科学的方法研究本国文化，然后综合异质文化，构建新的文化系统，并推广这种新的文化系统于世界。

章太炎 1918 年后，在苏州创办"章氏国学讲习会"，讲授国故，提倡读经，反对新文化运动，反对孙中山的新三民主义，正如鲁迅所称"脱离民众，渐入颓唐"。

以上诸公，皆是一代文化精英、学术精英，他们相继走向文化保守主义，或可称为落后、落伍，或可归于对当时政局乱象的失意、失望，但绝非个体行为、个别事件，而是代表了一股文化思潮。在相当时期，复古主义、文化保守主义思潮是与反复古主义、文化激进主义思潮相伴相生的，甚至可以讲，正因为有复古主义、文化保守主义思潮，所以才有反复古主义、文化激进主义思潮。需要深入分析的是，"尊孔"论者所尊之孔子，究竟是作为独裁专制统治的文化支柱、旧伦理旧道德的思想基石还是作为儒家学说的创始人、中国传统文化的总代表、全球华人文化圈的"共主"？至于"读经"论者，有主张纳入学校课程的，有主张社会化阅读的；有主张单独设置课程或专业的，有主张融于国文、历史、哲学等课程或专业的；有主张读全经的，有主张选读的；有主张按照传统顺序阅读的，有主张根据现代教育教学原理和学生认知发展水平重新编排的；等等。这些皆非根本，根本者在于是将所读之经是作为不容置疑的"圣经"还是传统文化的"经典"？

教育民族主义。何为民族主义，要之无非尊重和延续民族历史，认同和发扬民族文化，培养和丰富民族情感，维护和争取民族利益，保持和提高民族地位之意识与行动。民族主义的表现、分类甚多，要之无非政治民族主义和文化民族主义两大类。中国现代的民族主义是承继中国传统和输入近代西方两大思想资源，在清末以降外患内乱的艰难现代化进程中形成的，出现于 20 世纪之初，五四运动至 1925 年"五卅"运动前后形成第一次高潮，并一直贯穿至今。20世纪之初，梁启超将"民族主义"介绍到中国，他和罗振玉等人萌生教育民族主义思想，1903 年 9 月《游学译编》刊载《民族主义之教育》一文，"直揭民族主义以为教育之旗帜"，可以视为教育民族主义之发端。

　　教学中的民族主义思考。在中国现代教学全面变革中意义最为重大、影响最为深远者，莫过于普通话教育和白话文教学（主要包括教学白话文和使用白话文教学两个方面），其意义在于中华文化、中华民族之长久和未来，更在于使用白话文教科书、白话文教学所引起的课程文化、教学哲学的变化。钱穆曾讲："果一依白话为主，则几千年来之书籍为民族文化精神之所寄存者，皆将尽失其正解，书不焚而自焚，其为祸之烈，殆有难言。"朱自清说："中学生应该诵读相当分量的文言文，特别是所谓古文，乃至古书。这是古典的训练，文化的教育。一个受教育的中国人，必须要经过这种古典的训练，才成其为一个受教育的中国人。"叶圣陶说："中国人虽然需要现代化，但是中国人的现代化，得先知道自己才成；而要知道自己还得借径于文言或古书。"当下的文言文阅读应当读什么？文言文阅读主要是"读经"、读所谓"国学"，还是主要读古典文学名著、浅易的文言美文？当下的文言文阅读乃至所谓"国学"复兴的机制是什么？主要是由于时代因素，还是由于作为特定文化意义上的中国人的心理、思维因素？如果主要是后者，具有文化规定性的当下中国人为什么产生了文言文阅读动机，更愿意阅读哪些和怎样阅读？在当代全球化和世界文化体系背景下，文言文阅读作为中华文化的延续、传递形式之一，具有哪些比较优势？更适宜延续、传递中华文化的哪些方面？等等。此外，标准的统一的"国语"、普通话及其推广，也面临新命题、新形势，即与多元文化观下保存语言多样性的关系等问题。

第四编　再次研修华师大

华师研修随笔之一：为了每一个孩子的幸福

12 月 22 日上午，华师大应用心理学系崔丽娟主任做了题为《为了每一个学生未来的幸福——学与教中的心理学》的讲座。

崔教授以大猩猩有智慧，但无语言，无教育，智慧无法传承，指出教育的重要性。进而提出学校教育不能脱离社会环境，强调义务，忽视权利，只讲奉献，不谈索取的教育已经不合时宜了。随后，她讲了五个方面的内容：

如何践行学校教育的目标。世卫组织最新健康标准：心理健康，躯体健康，道德健康，社会适应。有的班级要求每年换一次教师，因为教师不是上帝而是人，难免有意无意地对某些学生存有偏见，前后任教师不交流，避免片面地对待每个学生。卡耐基认为，成功等于 15% 的专业知识和 85% 的人际关系。人生是一个谈判的过程，让别人愉快满足，自己就能得到愉快满足。人是社会的，只有在顺应适应社会的过程中，学会应对社会，才能谈发展，创造和改变。让学生热爱生活的群体，细心呵护，不让孩子感到自己是群体中的异类。农民工街舞团月收入 800～1200 元，为何能坚持下去，因为有归属感。

教育内容，从社会控制到学生优先。要从理想走向现实，从历史走向现代。教育的目的是追求知识还是追求更好的生活？《中美教师的蚯蚓课》讲座让我想起听过的鱿鱼课，有异曲同工之妙。

教育观，变塑造为发展。学校教育应该发展学生，而不是塑造学生。没有人愿意被塑造，教育的最高境界是润物无声。每个孩子是一滴水，掉在地上不起眼，掉在荷叶上是晶莹的露珠，教育就是要让孩子找到最好的那片荷叶。教师更重要的是成为自来水，还是成为引导学生找到水源的那个人？创造能力不能塑造，而是发展出来的。能把爱因斯坦培养成贝多芬吗？不想当船长的水手不是好水手，这句话对吗？让一个能成为优秀面包师，而不能成为船长的人去当船长，他会生活在痛苦之中。教师是为孩子的成长提供成功的机会和可能的人，而不是保证让每个孩子都能成功的人。

教育的原则。以保护每个学生的自尊，促进每个孩子发展为原则。以尊重学生和关爱学生为原则。小红旗是否伤害了个别孩子的成长？充分发挥人的长处，才是组织存在的唯一目的。只看到自己和他人的短处是干不成事的。

途径和方法。在学生的行为矫正上，赞美优于批评，讲理由与惩罚。快乐是学生成长的最大动力。鼓励让每个孩子成为有自我效能感的人。狗与挡板，驯象师的绳子，启示我们如何防止孩子成为习得性无助者。拥有攀登山峰的良好精神状态，比是否到达山峰顶端更为重要。

华师研修随笔之二：如何培养学生的批判性思维能力

11月25日上午，华东师大教科研侯定凯教授做了题为《如何培养学生的批判性能力》的讲座。

侯教授首先举了几道类似脑筋急转弯的问题。比如：阿拉丁的哥哥，阿拉甲，阿拉乙，阿拉丙。牛群跑出来怎么办，王力宏。由此引出今天如何教孩子思考的话题。怎样设问更好，目的是什么？教孩子是为了未来情境中使用这些方法。

批判性思维比语言更重要。巧合的很，侯教授的讲座和前几天讲逻辑思维的晋荣东教授不约而同地讲到了2012年度SAT年度报告，只有不到7%的中国孩子考到1800分，主要是其教育缺乏批判性思维的训练。

侯教授以法国作文题《期待不可能得到的事是否荒谬》《没有国家是否更自由》《人们是否可以摆脱成见》《文化是否使人扭曲》与我国作文题《梯子不用请横着放》《科技的利与弊》《总有一种期待》《忧与爱》相比较，得出西方作文重视概念的使用，逻辑推理和知识积累，命题的内在张力，我国作文重于思维测试，隐含了价值和道德取向，文艺性胜过学生个人生活体验，重以情动人。

我们的表达是如何构成的？语言、观点只是冰山露出水面的部分，思维方式、知识积累、文化背景等因素是潜在的。

侯教授以苏格拉底与学生谈论善恶为例，讲解了产婆术及其蕴含的批判性思维。启发式就是不直接告诉学生答案，甚至不总结。批判不是否定，是质疑、推理，把模糊认知变清晰。什么是批判性思维？思考是人的天性。批判性思维使人的思考更完美，永远思考下去。

批判性思维的特征：

1.清晰性，看其能否用概念图表达。

2.准确性，清晰的不一定准确，爱屋及乌。

3.精确性，用词准确，回避习惯性模糊表达。

4.相关性，与主题，与提出的问题，与上一观点的关系。

5.重要性，观点中重要事实，听众关注什么。

6.深广性，为何他人有不同看法，实际中有什么调整，如何看待问题的焦点。

7.公正性，总以为自己是正确的，以控制别人的思想，防止自恋倾向。

思维中的非理性因素：

1.利己的思考，思维的自恋。

2.很难与对与自己相左的观点进行换位思考。

3.避免复杂性或变革。

4.过度依赖直觉思维。

5.群体压力，担心与集体不一致。

6.缺乏背景知识。

课堂上如何培养批判性思维？

1.合作学习。

2.案例讨论法。

3.更好地用问题。

4.改变作业布置方式。

5.批判性阅读，批判性写作。

6.开展辩论赛。

批判性思维，是一种针对现实观点和现象持续思考的能力，使思维变得更清楚，更准确，更具逻辑性。批判性思维是对传统思维方式的挑战。需要警觉和克服我们传统思维中的利己主义和社会中心主义的非理性倾向。我们的思维被环境弄复杂了，批判性思维是一种很直接、很天真的思维，创造性思维需要保护。

华师研修随笔之三：教师如何做研究

为何做教育研究

现在中小学教师为了改进自己的工作，认识到教育科研的重要性。简单地讲，我们做教育研究主要基于教学和管理的需要。也有的教师是基于好奇心的需要，他不知道这个东西行不行，想试一试。这是出于好奇心的科研。科学史上，许多重大的发现都是基于好奇心的。还有的教师是基于纯发表的需要，认为要评职称了，需要发表论文了，所以来进行教育研究。

不同的需要导致不同的价值取向，不同的价值取向决定了不同类型的研究。不同类型的研究，他的成果去向也就不同。所以，做科研之前，动手写一写，做科研的目的是什么。目的不同，选择的路径和策略也不同。

四种类型的教育研究

1. 描述性的研究——揭示未知现象，旨在向政策制定者和教育者提供有关教育信息。

2. 预测性的研究——依据在 X 时间内所获得的信息，对某一现象将在 Y 时间内如何发生做出预测，如某种教学设计或教学方法将会对学生后续学习产生哪些影响。重在关系分析。

3. 改进性的研究——旨在寻找和发现那些能够促进学习或教学的影响因素。

4. 解释性的研究——对教育现象进行解释，帮助人们更加深刻地理解，旨在分析原因和变化规律。如果能够解释，也就意味着能够描述、预测和使用介入因素。大多解释性的研究，要把新概念放在题目中表现出来。

两类研究方法比较

不同类型的教育研究需要不同的研究方法。分定性研究和定量研究。定量研究之前必须有假设，而定性研究事先没有假设。因此定量研究使用的名词必须是取得共识的。方法本身没有优劣之分，只有合适不合适之别，只要适合自己研究的课题，就是好的方法。文献法、历史法、比较法等都是具体的研究方法。

如何选题

1.题目从哪里来？题目从经验中来。教学实践的困惑（直接经验）、阅读学习中不明白的问题（间接经验）都可以作为研究的题目。

2.问题意识，也就是课题要解决和回答什么问题。问题数量也要可行，一般回答三个问题就行了。问题不能过多。不要希望经过一个学期的研究，解决你大半辈子的教学问题。只要教学在进行着，新的问题就会冒出来。

3.问题陈述，不是题目越花俏越好，学术性的题目要规范，有的时候，题目是很朴素的。句式要简洁明了。

提供一个例子：

题目：体育课班级中同性和异性学生的环境感觉。

对于这个课题，需要研究的任务是什么呢？

1.对学生行为、学生在教学活动中的专心程度、师生间的亲和力、教师支持及竞争意识等问题，性别单一的班级中的男生或女生的看法是否不同于男女同班的班级中的男生和女生的看法？

2.同在一个班级学习的男生和女生是以同样的方式来看待他们所处的环境的吗？

3.学生对环境的感知是否会因为他们从初中升至高中而发生变化？

文献综述

研读文献是研究的第一步，目的在于知道前人在研究的主题领域已经有哪些发现和观点。在写文献评论时，要写清哪些值得继承和学习，要找出文献中的“点”——盲点、缺点、遗留点等。再好的研究，也有缺陷，要在别人研究的基础上，寻找遗留点。一般好的论文在最后都会写清在研究中还存在什么问题，在进行新研究的时候，要弄清楚新的研究能给这个主题带来哪些贡献。

研究计划

撰写研究计划，第一要回答的是研究的目的，尽可能用一句话来写。接下来就是导论：陈述研究课题，进一步告诉别人要研究什么，说明拟订的研究与研究文献的关系，指出研究对知识或实践可能做出的贡献，如果是定量研究，就要列出研究假设、欲解决的问题或本研究旨在达到的目标。然后写文献综述，接着要写出研究设计，即怎么研究，怎么收集资料，怎么分析资料，预期的研究发现，时间计划，最后撰写研究报告或成果。

第五编　我思故我在

听课随感

今天回到学校，到教学楼上转了一圈，感觉真好，到处干干净净，一切井然有序。不觉从内心里对教师们生出感激。这么多教师组成我们这个集体，大家都很努力。面对这么多的兄弟姐妹，我有压力：我要怎么带他们，给他们怎样的引领，让他们离优秀的教师近一点，再近一点？多少年以后，起码让教师们不会觉得自己因为遇到了我当他们的头儿而感到很不幸。

我关心着张艳萍和孙谣两位教师的课，赶紧来到教研组。因为这次讲课已经不是他们自己，代表的是我们这个新的集体。让我高兴的是他们已经做了充分的准备，而且得到了同伴很好的帮助。我只是谈谈我的意见而已。

《狼牙山五壮士》这篇课文，应该把握的是从整体到部分再回归整体这样一条基本的思路。具体到教学设计，应该有这样几个环节：简单导入，整体感知，全班交流以后重点突破。应该把握的是把课堂教学的过程还给学生，让学生读，让学生说，让学生谈体会。教师的角色一是引领，是个穿线人；二是课堂的组织者。钻进教材中备课，关注到每一个细节，站在教材外边，我只把握大的环节。张教师很努力，一个中午的时间按这种思路整理出了教案。我感觉很满意。

孙谣的课是一篇小童话《北风和小鱼》。听完了课，总的感觉是：她还不能很好地把握教材的特点和一年级小孩上课的状况。讲得太多了，没有一条线在里边贯穿始终，教师的理解强加给孩子的比较多。当然，这不怪她。她是新教师，教课才三个多月，能站在讲台上让人看不出紧张，已经很不错了。18年前的我，比不上她！

　　一年级的课，一要重视儿童语言，二不能讲太多。要像一个大孩子和小孩子在一起玩，玩中，没有痕迹地学会了读，学会了说。我们根据课文内容设计了几个很自然的拓展，不知道课堂上的效果会如何。18年的教学实践，给我一种启示：教师发展在学校，成长在课堂。走进一篇篇课文，会有无穷的乐趣。在一次次备课的讨论和上课的观摩中，感悟成长，收获进步，也倾听自己生命拔节的声音。

教了 20 年书，越来越不会教了

今天和几个朋友在一起吃饭，因为都是当教师的，谈的话题也就离不开教育，离不开课堂。有个朋友说："现在的教材变来变去，知识结构变得零零散散，打破了原来严密的知识结构体系，一个模块一个模块的，毫无联系。我教了 20 年书，现在简直不会教了。"另一位朋友说："现在的课堂教学不知道要往哪儿变，本来我讲就能讲得很明白的课，非得不让讲，让小组合作讨论研究，哪有我讲效率高啊？唉，教了 20 年书，越来越不会教了。"第三位朋友说："唉，还说呢，教材变得乱七八糟，教学要求又要探究又要合作，课后连训练习题都没有，让学生训练什么？"

我特别理解朋友们的抱怨，也很理解他们的困惑。因为，我也曾经历着这样的苦恼，突然间把握不了课堂，失去了原有的自信。实际上，这是因为新课改的要求和教师的教学价值取向之间产生了矛盾，新课改理念下的课堂教学对教师过去的教学观念、教学方法、知识结构和能力结构产生了严峻的挑战。

第一个挑战：教材带来的挑战

原来的老教材多少年没变，以知识链条为编排基础，有着严谨的知识结构，不学前边的内容，后边的内容根本不能学。而且课后一般都配有相应的练习题目，教师只要讲明白知识点，让学生听明白练会了，就算完成教学任务了。而新的教材版本很多，每一种版本在内容上都拓宽了很多，渗透了很多生活中的扩展内容，与旧的教材相比，宽度增加了。与之相应的，知识的深度和难度弱化了一些。这样一来，教师用起来就觉得有些不适应，总觉得弱化了学生的知识基础。

第二个挑战：课堂教学理念带来的挑战

过去多少年来，教师习惯了当"讲师"，课堂就是教师的"讲堂"，教师是演员，学生只是"听众"，最多站起来回答几个问题而已。这种教学方式对学生来说是以教师为主体的接受式教学。追根求源，德国的赫尔巴特在《大教学论》中就阐述过这种教学方式。后来，苏联凯洛夫的"五段式"教学，对这种接受式学习做了具体的要求。多少年来，我们的课堂就是以这种教学方式为主。也可以说接受式学习统治了我们的课堂很多年。我们的教师已经习惯了"我讲你听"这样一种课堂教学方式。而今天的课堂教学要求把课堂还给学生，要以学生为主体。要求教学即对话，教学即交流，教学即探究，教学即合作。教师是课堂的组织者，是课堂对话的首席……这种教学方式实际上是和接受式学习完全不同的两种教学方式，是19世纪美国人杜威提出的以学生为主体的活动式学习。两者相比，活动式教学对教师的课堂地位产生了巨大的冲击，学生由被动接受变为主动参与。习惯了当"讲师"主宰课堂的我们，感到"越来越不会教了"就不足为奇了。

第三个挑战：对教师知识结构和能力结构带来了挑战

第三，我们的教师习惯了当"讲师"，习惯了教学就是"教书"，因此，只要看看教学参考书，把"书"教学生"学会"而已。现在的教学，要求教师"用教材教而不是教教材"。今天的课堂不再是学科范畴的课堂，已经由学科世界向学生的生活世界开放。在这个意义上讲，课堂上教师面对的是几十个学生的生活世界。这样的课堂会有很多无法预约的精彩，也会有很多无法预约的尴尬，因此对教师的知识结构提出了新的挑战。同时，对教师的组织教学能力有了更高的要求。新的课堂要求教师统领课堂，适时调控课堂，组织讨论和对话过程。教师不但要学会倾听学生的思维，还要及时判断和调整学生的思维。

多少年的教学，我们的教师已经形成了固有的习惯和模式。当教材、教法、知识结构和能力结构一起向我们发起挑战的时候，"教了20年书，越来越不会教了"，就是一些教师真实状态的表露。没有别的办法，唯有改变自己，重新充电，才能重新找回站在讲台上的自信，才能体会来自课堂上的愉悦，才能感到"越来越会教了"。

选一个最好的记住

前几天听了一节一年级的语文课，课题是《声母gkh》。汉语拼音教学一般有这样几个步骤：先学读音，再记形状，最后要学会写。这位教师是一位年轻的教师，备课非常充分，讲课也很认真。我很惊诧孩子们刚刚入学才两周的时间，教师能把课堂组织得这么好，起码我觉得这样的课堂是比较有效的。

课堂教学在活而不乱地进行着，不知不觉到了第二个教学环节，学生在读会了g以后，教师要求大家想办法记住这个字母g。这下孩子们都来精神了，七嘴八舌地开始讨论。一会儿，教师指名起来，说想出的好办法。这时候，所有的孩子都把小手举得高高的。一个孩子说："a母带钩ggg"。教师说："好，你是用以前学过的字母a加个钩来记住的"。这显然是教师以前教学中经常用到的方法。因为教师表扬了他，所以他高高兴兴地坐下了。"还有别的方法吗？"教师又问。这时候举手的孩子只有一半多一些。没等教师点名呢，一个小女孩迫不及待地站起来说："鸽子衔枝ggg"。教师笑了，说："好啊，你是根据书上的图画来记的，很善于观察。"我想：这种方法也应该是教师曾经训练指导过的，只是这个孩子能说出"衔枝"两个字，还是很让人惊喜的。这时，还有一个小男孩举着手，他就坐在我的身边。教师问："你还有第三种办法？"这个小男孩站起来一本正经地说："教师，我还有办法。鸽子送信ggg。"我一听，心里一惊，默默地给了这个孩子以掌声。抬起头来，赶紧看教师怎么使劲表扬这个孩子。在我的想象中教师至少应该说："孩子，你真棒！你能透过图画联系生活想到鸽子是和平的使者，你的小脑瓜转得可真快啊……"没想到这位教师只说了一句"你的办法也很好"就让这孩子坐下了。我的心里有点遗憾。为这位教师的草草收场，失去了一番精彩的点拨而遗憾，为这个孩子没得到应该得到的表扬而遗憾。

接下来让我更没想到的是，教师说："孩子们，这三种方法都很好。我们选一个最好的记住。老师觉得第二个办法最好，让我们来记住吧。"接着，孩子们便开始以各种不同的方式记住这个最好的"鸽子衔枝ggg"。我一直看着那个说出"鸽子送信ggg"的小男孩，大家都在背"鸽子衔枝ggg"的时候，他依然在小声地背"鸽子送信ggg"。我知道，他在以这种方式对教师没选他的为"最好"的表示抗议。我摸了摸他的头，轻声问他："为什么不记教师选的那个最好的？"他说："我觉得我这个才是最好的！"我说："对，就记你这个最好的吧。"他反问我："教师，我这个真是最好的？"我说："对，你这个是最好的！"他眯起两只小眼睛，对着我笑了，笑得那么美，那么甜。

课后，我和这位教师谈起来。她说："我事先没想到学生会说出'鸽子送信ggg'，当时一听，觉得也很好，可是我一时没反应过来，不知道应该怎么表扬他。"我又问："为什么要选一个最好的记住呢？"她不好意思地笑了，说："我已经意识到了。我应该让学生用自己喜欢的方式记，不能把自己认为最好的强加给孩子们。况且，我选的那个也不一定是最好的。"我笑了。我很敬佩这位教师的朴实，我相信她说的都是实话。她是年轻教师，没有那么多的积累，对课堂上的动态生成处理起来还不能得心应手。但我们都期待着，期待着我们的青年教师茁壮成长，期待着我们的课堂多一些绿意……

一份大作业

今年教五年级的时候，我曾经布置过一份大作业。当时是这样想的：不是说国外的小学生 8 岁就可以写论文吗，我们可不可以试试，让我们的孩子也组成小组，搜集资料，展开研究，写出一篇篇小论文呢？我想试一试。

于是，我事先做了一番动情地演说，告诉他们国外的孩子如何如何做研究，我们中国的孩子如何如何不能落后之类的。听得他们恨不能马上就开始研究，一定要和国外的孩子比一比。看到孩子们的热情都上来了，我又做了一些必要的要求，从题目的选择，到查找资料的方法，再到论文的具体结构，以及研究过程中的注意事项，都给学生提出了一些建议。最后，我要求一个月的时间完成这份大作业。

第一周，孩子们开始选题了。选题的范围还算广，大多是结合自己学过的内容向外拓展的，比如：《我们的圆明园》《对人民大会堂的研究》《由鹿和狼的故事看环保的重要》《毛泽东诗词的语言特点》《鲁迅及其作品》《黑洞的秘密》《我们这个地球》《宇宙的秘密》……选好题以后，孩子们开始查资料，他们在小组内都有分工，早上来到教室，时常听到他们凑在一起交流自己找到的资料。有的已经打印出来交给组长，有的复制到优盘上保存了起来，还有的是手写的、剪贴的资料……看着他们在一起讨论的样子，我从心底为孩子们高兴。

两周以后，孩子们的大作业开始交给我。每天，我都能收到几份这样的作业，他们交给我的时候，就像完成了一项巨大的工程那样自豪。我知道：他们等待着我的表扬和奖励。第三周，我终于收齐 18 份大作业。每一份，都是用 A4 纸打印出来的，图文并茂。我认真地欣赏了每一份作业。我用了"欣赏"这个词，一点都不过分。

谈课堂教学中的形式化问题

课堂教学是每一个教师永恒的课题。不管是过去的教学大纲，还是新颁布的课程标准，都对课堂教学的诸多施教原则和教学方式提出了要求，其中心就是"以学生为主体"。千千万万的一线教师也都在教学过程中努力地贯彻这一原则。可是，从目前的课堂教学状况看，"以学生为主体"的课堂教学还存在很多形式化的问题，值得我们每一位教师认真思考和研究。

以学定教形式化

以学生为主体的课堂教学，其首要环节就是"以学定教"，即以学生的学习要求及其当前水平来决定教师的教学内容、教学方法和教学策略。于是，上课开始，教师大多首先要安排这样一个教学环节：采取多种方式让学生质疑。教师说："同学们，你们读了课文以后知道了哪些问题？还有哪些问题没有弄明白呢？"学生提问结束以后，教师接着说："好，下面我们就来研究同学们提出的这些问题。"本来这是一堂课非常好的开始，可惜的是教师接下来的教学就偏离了这个轨道，开始全然不顾以上学生提出的问题，按照自己事先设计好的教案按部就班地"走教案"了。或者开始还在讨论学生的问题，一会儿就不知不觉地开始牵着学生的鼻子走。

这个环节，表面看上去好像是以学定教，充分发挥学生的主动性，学生什么问题不懂，教师就在课堂上解决什么问题。其实，很少有教师的讲课内容和方式真正与学生想知道的问题结合起来，实现实质意义上的以学定教。

其实，这里有一个教学策略的问题。学生在课堂上提出的问题五花八门，有问词语含义的，有问作者情况的，有问课文内容的，还有问标点符号的。对于这些问题，教师要随着学生的提问迅速进行分类处理。有些简单的、个性的问题，随即解决；有些问题可放到小组讨论中解决；还有一些有讨论价值的问题，可放到师生互动中去重点讨论。另外，教师要善于引导学生提出有价值的问题，要动脑筋提问题，不是泛泛地提，也不是重复别人的提问。

学生自学形式化

一般说来，教师都认为，为了体现以学生为主体，课堂上要留出一些时间让学生自学。自学的方式，或自己阅读思考，或小组讨论。本来这是一个发挥教师主导和学生主体作用的有效过程，可是，有些课堂教学出现了下面两种情况：

一是教师怕自己没有时间讲。这种情况一般是这样的：教师让学生自学，却总是不放心，学生自学的过程教师疏于指导，于是学生学自己的，教师在那儿等，或者象征性地走到学生中间问一问"讨论完了吗？讨论得怎么样了？"等等，然后就抑制不住地说："好，同学们就自己学到这儿。"于是自己就开始讲了。

其实，这个过程是教师指导学生学习的一个过程。教师应走进学生中去，具体感知他们的讨论，融进孩子的思考，并适时点拨，同时为自己的教学提供有针对性的调控根据。

二是教师干脆不讲。让学生预习，主动翻阅工具书，归纳课文的内容，提炼出学习的要点，掌握教材的内容，仿照例子做一些练习等，这是对"培养学生自学能力"的普遍理解。这就是把培养学生自学能力变成了学生按照教师要求的方法和步骤一步一步地完成学习任务，达到教师的要求。这种课堂教学在相当大的程度上失去了应有的活力。因为教师在课堂教学过程中没有用智慧把学生的思维激活，整个过程没有产生思维的碰撞，没有擦出思考和智慧的火花。

其实，培养学生的自学能力，构建以学生为主体的课堂教学模式，并不是不让教师讲，并不是教师就没有事情可做。这一点在新的课程标准中对教师在新的教学模式中的定位有要求。新课程倡导探究性教学，教师应是教学环境的创设者；新课程倡导讨论式教学，这是一种在教师主导下的以生生、师生讨论为主要教学手段的教学，教师是课堂讨论的主持者和调控者；新课程倡导体验性教学，要求教师为学生创造一定的教学情境，学生通过具体的实践获得学习过程的体验，主动获取知识，发展学生能力，教师是学生学习资源的提供者。

面向全体学生形式化

以学生为主体的课堂教学，很重要的一点是教师要面向全体学生。也就是教师要充分考虑到不同学生的知识基础、接受能力、兴趣特点等来组织实施自己的教学过程，尽量通过自己的教学使每一个学生都有收获和进步。而这种收获不能浅层次地仅仅定义在"学生知道了什么"，而是要看学生在参与思考的过程中提高了哪些方面的能力，甚至提高了多少。但是，有些教师把面向全体学生误认为是尽可能多地提问学生。不可否认，教师的意图是好的，想让每一个学生都有回答问题的机会。但是这样一来，好多学生的回答是重复答案，或是泛泛地以读代答，只是读出书上的句子或段落，而答不出自己的理解和思考。

面向全体学生，教师必须学做自助餐，而不是把大锅饭煮得烂一点。吃自助餐的课堂教学，不仅会有学生对课文内容做出精彩的让人意想不到的回答，也会有学生站起来结结巴巴地回答出自己所想的问题。

学法指导形式化

教师在课堂上，为了突出"教给学生方法"这一点，往往会教给学生一些读书、学习的"方法"。如五步学段法、三步析句法、朗读理解法等，一般都用小黑板或投影出示给学生。且不说教师给出的方法是否具有科学性和针对性，每个学生都有自己的学习特点，教师怎么能让全班同学都用一种方法来学习呢？还有关于朗读的指导，朗读本是一种很个性化的情感体验和审美理解过程，可是教师对朗读的指导，往往只注重停顿、重音、儿化等要求，很少引导学生去体味课文内在的情感。因此，有些课文学生在读的时候连自己都感动不了，更不能感动别人了。

师生互动形式化

真正以学生为主体的课堂教学，能较好地实现师生互动。师生互动重在一个"互"字，即教师和学生在同一个教学过程中能达到心与心的交流，达到"你中有我，我中有你"的课堂教学状态。可现实中有很多课堂，表面上看上去非常活跃，教师不断地问，学生积极地答。小组讨论时，学生也好像在各抒己见。

但是，我听过很多的课后发现：在这个回答和讨论的过程中，很少真正融进去学生对课文的思考，更谈不上很好地理解。所以说，这个过程是非常表面化的。

教学过程应是师生的情感互动过程，而不只是行为的互动。真正成功的课堂教学是师生都在这个过程中得到收获和教益。如果只是给了这种内在的互动一种形式，教师的教案和思维是一条线，学生只是在教师设计好的一种形式的外壳掩护下，帮着教师或者配合着教师"走完教案"。这样的互动不光没有实效性，更可怕的是，课堂上教师不能把学生的思维激活，进入不了品词、析句、品文的主动学习状态，时间久了，学生就不会思维了，对语文学习也会感到没有兴趣。当然，单就应付考试而言，也可能学生会暂时分数依然不错，但是，这种"好的分数"后边已经开始掩盖着学习方法的距离和潜能发展的不足，学生的终身学习和可持续发展已经有了潜在的阻碍。这一点要引起我们每一位语文教师的思考和重视。教师，再也不能是单纯的知识的传授者，而应是一位睿智的引导者，一位聪明的教学过程的策划者。教师心中装着的不应是一个线性的教案，而应是一个网状的"资料包"，根据学生的情况，能迅速进行教学方法和教学策略的"提取和重组"。只有这样，才能实现真正意义上的师生互动，课堂教学才谈得上质量。

现代化教学手段的应用形式化

现代化教学手段，如今表现在课堂教学中的主要形式是把多媒体和网络引进课堂。其中一种情况就是用现成的课件，还有一种就是根据自己的教学需要教师首先撰写脚本，再用有关的制作平台做成课件。不管是哪一种情况，一般教师都是想以此来优化课堂教学的结构。殊不知，多媒体和网络在教学中的应用，其主要原则就是"以学生为主体"，要积极地用，但不能滥用。因为，不用可能使课堂教学结构得不到优化，而滥用可能是画蛇添足，降低学生思考的难度，达到不到良好的教学效果。目前看来，真正比较能够体现学生主体的课件设计还是那种交互性能比较强的资料包形式的可以实现重组的课件。

总之，语文教学的生命力在于改革，在于贯彻"以人为本"的教学思想，在于培养学生的自主和探究学习能力。目前看来，以学生为主体的课堂教学究竟离我们还有多远这个问题，必须引起我们一线教师足够的重视。因为，国家的教育方针、专家的教学理论、国外的先进经验，最终都要通过千千万万一线教师的一堂堂实实在在的课落实到每一位孩子的身上。应该说，这首先是一个观念的问题，另外，就是教师的综合素质和能力亟待提高，包括研究性备课的能力、课堂调控能力、指导学习能力以及教师的自我发展能力等。

不过，新的课程标准的核心理念正在被广大教师所接受，教师也都在以积极的状态走进新课程，实践新课程。我们有理由相信：在新的理念的支撑下，新的教育教学模式将不断成熟和完善，教育必将迎来其跨越式的飞速发展。

热闹的背后

课堂教学中，教师的"边讲边问"正在代替原来的"一问到底"。表面上看，这样的课堂好像很活跃，很热闹，但是活跃和热闹的背后，是学生思考力的缺失。

今天听了一节六年级的历史课，内容是《三国鼎立和江南的开发》。从课型看，这是一节历史复习课，是在学习了前边两部分内容《三国鼎立》和《江南的开发》之后，教师力求把这两部分内容综合归纳，让学生通过复习来巩固所学。

课上，教师用了很多种办法，设计了很多教学环节让学生参与。其主要的教学环节是这样的。

第一，回顾填表。

学生根据教师给出的表格填写官渡之战和赤壁之战的相关内容，如战争名称、时间、双方、作用等。

第二，播放录像。

填写完了表以后，教师开始播放官渡之战的录像。

第三，师生讨论。

从录像中师生共同分析出官渡之战胜利的主要原因：曹操善用人才，广纳良策。（恢复农业生产，实力不断增强；挟天子以令诸侯，占据有利地位。）

第四，背诵古诗。

教师引导：曹操写下了很多脍炙人口的诗篇，学生背诵。

第五，师生讨论。

师生一起讨论了赤壁之战曹操失败的原因。

第六，课堂延伸。

配乐朗诵《念奴娇·赤壁怀古》。

第七，师生讨论。

教师引导学生讨论：文学作品中的曹操是奸臣，但鲁迅笔下的曹操是一个很有本事的人，至少是一个英雄。你同意谁的观点呢？

第八，识图练习。

讨论后学生做练习：赤壁之战的结果就是形成了三国鼎立的局面，看图找出相关的地理范围，说说三国的建立者、三国的都城及三国的建立时间。

第九，人物模拟。

假设你是南北朝时期的人，请你说说是南方繁华还是北方繁华？请说明你的理由。

第十，与名人较量。

点击名人做练习，说典故，识图题。

第十一，动手设计。

设计一幅三国鼎立形势图。

整整一节课，花样很多，课堂的容量也很大。学生一会儿写，一会儿读，一会儿看，一会儿讨论……师生都在忙。看上去，很热闹，很活跃，教师也费了很多心思。但我认为，热闹和活跃的背后是学生学习能力的缺失。

如果在这节课上，教师先和学生一起回忆所学内容，然后共同讨论出通过复习要达到什么目标，再一起确定复习的方法，最后汇报复习的收获或结果，这样结果会好得多。因为整个过程从学生自身的学习需要出发。最后学生说的应该是自己有哪些好的复习方法，而不是评价教师用的复习方法之优劣，这是自学能力的缺失。复习结束，如果说学生记住一些东西的话，那依然是知识，而不是方法。

复习应是有序的归纳，继而是归纳基础上的拓展和创新，而不应该是简单重复。教师在复习课上重要的作用应该是指导学生学会复习的方法，训练归纳总结的能力。这样上复习课实际上等于把前边讲的课重新讲了一遍，这就制约了学生归纳能力的提高，从一个主题内容到一个单元，再到一册书的内容，学生依然不会归纳，不会整理。

以课件贯穿起来的线性复习过程，很难照顾到学生个性学习的需要。教师让干什么，全体学生都跟着干什么。其实，对这些内容的复习，学生当中会蕴涵着很多精彩，但这样整齐划一，学生的思维和心灵都在教师设计好的"线上"，不可能偏离出去。所以这种课堂上的活跃，掩盖了学生真正参与度的缺失。

什么样的课是好课？

巢宗祺教授提出好课必须具备四点：①这节课本身有意义；②这节课有效、真实；③师生情绪饱满；④师生才智得以充分展现。叶澜教授认为评价一节课好不好，可以参照"五实"：扎实（有意义）、充实（有效率）、丰实（有生成性）、平实（常态下）、真实（有待完善）。朱永新教授认为理想课堂应该从六个方面评价：参与度、亲和度、自由度、整合度、练习度和延展度。如果我们把这三位专家确立的标准加以分析，可能对大家如何判别一节好课更有帮助。巢教授的"四点"，是从课堂、教师、学生三个角度审视的；叶澜教授的"五实"，是从"课堂"本身的性质来判断的；朱教授的"六度"，则是从学生、师生关系、课堂内外这几个角度来观察的。

近几年，随着课程改革浪潮的推进，教师开始重新审视"什么样的课是好课"这个问题，但愿它不再受形式主义和教条主义的羁绊。真正的好课究竟是什么样的呢？我觉得首先应该站在学生的立场上去思考这个问题。

一节好课，首先应该是学生难忘的课。我上小学的时候，农村的教学条件简陋，甚至连教材都没有，可有一节课让我至今记忆犹新：一位姓岳的老师带着我们，奔上高高的庙台，让我们观察家乡新貌。俯瞰碧绿的田野，我才知道庄稼是那么郁郁葱葱；远眺宽阔而安静的汉江河，我才知道家乡是如此美丽富饶；回盼身后的连绵群山，我才明白家乡又是这般巍峨壮美。那节课，我们是在野外站着上的，但它不仅让我看明白了家乡，而且从那时起，我真正爱上了家乡，同时爱上了写作文。从这节课中，我明白了一节难忘的课，一定是在学生的某种情感、某种兴趣、某种价值观中播下了能够发芽的种子，或者是使学生的某种思想得到了提升。

一节好课，应该是学生富有激情的课。课堂上，教师的言行举止无一不是为了使学生有效地参与教学活动，而检验学生是否有效参与的重要指标就是教师是否点燃了学生的学习"激情"。学生在"激情"的燃烧中，注意力集中，思维灵活，态度端正，价值观也受到深层感染和铸造。学生充满"激情"的课堂，是以和谐、动情、深思、生成为表征的，而不是那种表面的热闹和做作。倘若教师能把自己的情感、学生的情感、作者的情感和课堂环境、文本环境有机融合到一起，做到情景交融，那么学生就会在一种特定的环境与氛围中得到全方位地熏染和升华。

一节好课，应该是实现了有效互动的课。有效互动，应该是在教师的引导和组织下，由全员共同参与。整个教学过程应有利于学生形成良好的合作学习方式与生活技能。

课堂上的各种互动其实都具有不对等性。比如师生互动，很明显，教师无论是生活阅历、知识背景，还是情感体验、价值判断，都远远高于学生，他们常常处于"高位"。再看生生互动，这种互动相对来说要均衡一些，其实也不对等，因为学生与学生之间在知识能力、情感态度、生活观察与体验等方面也不尽相同，所以也是不对等交流。而学生与文本更是一种不平衡交往，因为文本不具有主动性，这就要求师生必须走进文本，与其内容对话，与其人物对话，与其编者对话，与其文字对话，以达到"融入文本，真情交流"之目的。至于人与活动的互动，很容易被我们忽略，因为我们从来就不认为这是一种"互动"。先打个比方，好比人照镜子，"照镜子"是活动本身，照镜子的人可以在"照"的过程中不断地使自己得到校正和完美。

那么，在课堂上怎样才能提高"互动"的质量呢？我觉得三个方面值得注意。首先，是要注意调节平衡，特别是师生平衡，因为师生平衡是"有效互动"中主要的一对矛盾。调节师生平衡，关键在于心理平衡。课堂以外的良好师生关系只是课堂上双方心理平衡的基础。有些教师为了"降低"自己，提出要"蹲下来"和学生对话，其实这都是不积极的举措，真正的心理平衡是教师利用一切手段和策略，激发学生进入教学活动中去，达到"忘我"的境界，使学生真正被教学活动感染，完全被教学内容陶醉，从而实现互动中的"真情交流"。其次，教师要充分利用教学资源，优化资源结构。如文本、音像、时间、实物……要把这些因素整合到"互动"过程中，使其优化。最后，培养学生良好的互动习惯，包括倾听、举手发言、认真阅读、仔细观察、释放情感等都是提高互动质量必不可少的条件。

关于翻转课堂的思考

25 日上午，济南市历下区教育局副局长康玉平、济南文化东路小学王静校长、上海甘泉外国语学校袁文铮教师分别围绕"慕课"、微课程与翻转课堂的实践探索做了交流。

翻转课堂，盛行于西方。学生通过网络，在家里学习教师上传的知识，到校后讲学习中遇到的困难，教师点拨解惑。此模式在我国当前全面推行行不通，特别是在落后的农村。当然，我国江苏南通东庐中学的纸质讲学稿倒是和翻转课堂有异曲同工之妙，先学后教。翻转课堂是从英语"Flipped Classroom"或"Inverted Classroom"翻译过来的，一般被称为"反转课堂式教学模式"。

翻转课堂的起源

在科罗拉多州落基山的"林地公园高中"，许多学生由于各种原因时常错过了正常的学校活动，且学生过多的时间花费在往返学校的车上。这样导致很多学生由于缺课而学习跟不上，直到有一天，情况发生了变化。在 2007 年春天，学校化学教师乔纳森·伯尔曼（Jon Bergmann）和亚伦·萨姆斯（Aaron Sams）使用屏幕捕捉软件录制带有 PPT 演示文稿播放和讲解声音的视频，他们把实时讲解和 PPT 演示的视频上传到网络，以此帮助课堂缺席的学生补课。更具开创性的一步是，他们逐渐以学生在家看视频听讲解为基础，开辟出课堂时间来为完成作业或做实验过程中有困难的学生提供帮助。不久，这些在线教学视频被更多的学生接受并广泛传播开了。由于很多学生在每天晚上 6 时至 10 时下载教学视频，学校的视频服务器在这个时段经常崩溃。"翻转课堂已经改变了我们的教学实践，我们再也不会在学生面前给他们一节课讲解 30～60 分钟，我们可能永远不会回到传统的方式教学了。"

两位教师的实践引起越来越多的关注，经常受到邀请向各地的教师介绍这种教学模式。他们二位都是优秀的教师，乔纳森曾因为出色的课堂教学获得"数学和科学教学卓越总统奖"，亚伦则因为翻转课堂也获得了同一奖项。

翻转课堂，完全改变了小镇高中的课堂，来自世界各地的许多教师也采用这种模式用来教西班牙语、科学、数学，并用于小学、初中、高中和成人教育。

定义翻转课堂

翻转课堂，就是教师创建视频，学生在家中或课外观看视频中教师的讲解，回到课堂上师生面对面交流和完成作业的一种教学形态。

如何开始翻转课堂

根据林地公园高中的经验，我们总结了下面的步骤：

1.创建教学视频。

①应明确学生必须掌握的目标，以及视频最终需要表现的内容；②收集和创建视频，应考虑不同教师和班级的差异；③在制作过程中应考虑学生的想法，以适应不同学生的学习方法和习惯。

2.组织课堂活动。

内容在课外传递给学生后，那么课堂内更需要高质量的学习活动，让学生有机会在具体环境中应用其所学内容。

名师成长指向：教学？课程？

最近到天津参加名师培训会议，听了很多学校的专题经验报告。从宝坻一中的"教师第一"，到大港五中的作文教学改革，再到静海一中的实验教学模式……给我们很多启发。不管是名师还是名校长的成长，都必须根植于课堂，根植于教学，根植于学校，勤奋而用心地去做，去思考……

我想，名师之所以成名，最核心的应该是因为他们对教育教学有天生的敏感，有执着的专业信仰和专业追求。

多年来，时常为一节成功的课而兴奋不已，也曾经为一个课题的顺利完成而高兴不眠。曾经为听到各级名师的示范课而激动，也曾为教学当中的诸多困惑而烦闷……回头想来，我们的思维从没有走出教学。

长期以来，在名师成长的过程中，人们习惯性地把目光聚焦在"教学"层面上，包括很多的培训学习、名师成长报告会、名师教学研讨等活动，包括今天听到的专家报告中讲到的各种案例，我们看到的、听到的、讨论的和思考的，依然更多的是："教学"如何教？"教学"怎么改？

其实，我们如果静下心来思考就不难发现：教育发展到今天，教师走到现在，名师的成长载体和指向应该尽可能地从教学转向课程。因为"教学"解决的问题更多地具有个性，影响力受限很多。就算我们这些人都能成为人们期待的"名师"，我们能用自己的教学影响多少孩子？所以名师只在"教学"层面上走的话，辐射的面太小了。但是，"课程"不一样，"课程"可以很容易地面对更多的学校更多的孩子。试想：当一个校长把一个丰富、完整而科学的课程系统呈现到师生面前，比校长搞一个"教学"层面上的改革，意义要大得多。当一个教师能够在"课程"的层面上思考教学问题的时候，教师的教学立意一定走向了高远。

从事小学教育多年，一直在讲台上摸爬滚打，有一些思考，也有很多收获。最近两年来，我把更多的精力和目光指向了课程。一直在用心地构建我们学校小学部的课程系统，并用心培养能够驾驭这个课程系统的教师队伍。我想，这才是我在名师的成长之路上更应该做的。

我一直认为：如果我们把教育比作一棵大树的话，小学教育便是"根系"的教育。"根系"越庞大，扎得越深，树干会越粗壮，树冠会越茂盛。"根系"的庞大，则更多地依赖于"课程"的营养。

第一，校长要提升课程领导力；第二，培训教师课程团队，让教师们拥有课程意识、课程概念，掌握课程建设的基本方法，提升课程实施的能力；第三，构建课程系统，让所有教师都了解和理解并逐步付诸实施……

经过一年多的努力，我们基本构建起学校小学部比较完整的课程系统。当然，我深知：对一个学校发展来讲，课程系统的构建相对简单，甚至课程的开发和建设也并不困难，难的是培养一支能很好地驾驭这个课程系统的教师队伍。因此，向着正确的方向努力和用心是永恒的主题……

师德　师能　师魂——在淄博市教师节座谈会上的发言

尊敬的各位领导、各位教师：

大家好！

很高兴参加今天的座谈会并作为教师代表发言。在此，我很愿意以"师德　师能　师魂"为话题，谈一谈我的体会、思考和感受。

胡锦涛同志在全国庆祝教师节座谈会上曾经对广大教师提出了四点希望。分别是：爱岗敬业、关爱学生；刻苦钻研、严谨笃学；勇于创新、奋发进取；淡泊名利、志存高远。我想，这些不只代表着党和国家的希望，同时也是我们这个时代对教师的要求。今年教师节教育部又提出了"学习英模教师，弘扬伟大师魂"这样一个主题。不管是国家的希望还是各级党委政府和教育部门的要求，都不外乎这样两点：一是师德，二是师能。教师群体师德与师能的有机融合、发展、提高，铸就伟大的师魂。

先谈师德。在"5•12"大地震这样的天灾国难面前，涌现了一个英雄的群体，那就是教师。震中的教师们用身体和生命本能地保护了学生，实践了教师的职业道德。于是，全国人民一时间对教师肃然起敬，师德这个话题空前地摆到了社会舆论的面前。我们的国家，我们的党和政府一直坚持把教育摆在优先发展的战略地位。我们都知道：教育要发展，教师是关键，而优秀的教师队伍，师德是前提。而良好师德的核心就是一个字：爱！爱学生，爱讲台，爱学校，爱事业，几乎包含了师德范畴的所有。我们也同样懂得：爱，不是一份要求，而是一种情感。因此，我认为：良好的师德不仅需要整个社会层面上的规范和要求，更多的是需要一个学校环境的滋养和一种学校文化的熏陶。

1988 年我参加工作分配到桓台县实验小学，现在看来这是一个既小又有些破旧的学校了。但她曾经培养了一大批很优秀的教师，我很庆幸，有 18 年的时间工作成长在这个学校环境中。走进这个学校，首先感到的是学校对我们的爱，悦纳我们的优点与不足，宽容我们的幼稚和走的弯路。不会时得到的是指导，出错时得到的是鼓励……就是在这个过程中，我们都爱上了学校，也爱上了这份工作。一旦这种爱被激发和点燃，教师会回报给孩子们更多的爱。因此，我们给了学习困难的孩子更多的帮助，我们给了单亲家庭孩子更多的关爱，我们给了更多孩子张扬个性、全面发展的机会……还记得甲午海战的忠魂碑前，纪律严明的绿色军营，工厂、农村、大学校园，都留下了孩子们活动的身影。升旗仪式上，烈士墓碑前，电视演讲比赛中，港澳回归的倒记时牌前，齐鲁环保世纪行的新闻发布会上，我们领着孩子们实践着红领巾对五星红旗的承诺和誓言。抗洪救灾的捐赠现场，希望小学，即将辍学的伙伴家里，保护母亲河的倡议声中，融入了孩子们对祖国、对他人的爱心一片。庄严的入队仪式上，星星火炬，代代相传。一路走来，师德已经化为爱，渗透到教育教学的每一个角落。

如果说师德是前提，作为教师，从事教育教学的素质和能力则是根本。这也是我们的总书记要求教师拓宽知识视野，更新知识结构，不断提高教学质量和教书育人本领的原因所在。

我们很高兴地看到，整个教师队伍的年龄结构、知识结构在不断改善，各级各类教师培训工作全面展开，教师队伍素质逐步得到全面提高。但是，我们也不得不承认，由于各种各样的原因，我们的教师队伍依然没有很好地吸引更多的优秀人才加入进来。各种培训学习解决的是面上的整体推进，学校环境在提高教师素质和教育教学能力方面依然担负重要的责任。因此，我觉得，如果说师德培养需要的是环境和文化，那么教师素质和能力的培养则是实实在在的平台。因为教师的学习和提高毕竟更多的是在教学岗位上，在教育教学实践过程中。

我曾经工作的实验小学，1992年，在很多人还不知道课题实验是怎么回事的时候，我们学校的计算机教育和电化教学全面展开，电脑作文、多媒体技术与课堂教学有机整合成为我们的研究方向。有了这样的平台和载体，我们便开始在正常的教学工作之余，拼命学习计算机知识及现代教育理论，从计算机基础操作到网络常识，从建构主义到行动研究，不懂就问，勤学苦读。同时，实验课题组的教师们一起，制订实验方案，编写实验教材，撰写实验报告，认真上好每一节实验研究课。到现在，十几年的时间，一个个课题实验做下来，改变了教师的知识结构和能力结构甚至是教师的思维方式，拓宽了教师的视野，我们的电脑作文实验论文曾经参加 1995 年在英国伯明翰召开的世界计算机教育大会上做发言交流，我们的教学录像课曾经在大会上展出。于是，特级教师、学科带头人、中青年专家、教学能手、科研型教师在这个过程中的产生也就成为必然。

切身的体会，发自内心的感激。感谢曾经的成长环境让我爱上讲台、爱上教育、爱上孩子，给我能力、给我智慧、给我理想。今天的我工作在一个全新的环境中，跋涉在新的道路上，我在努力地为教师们创设环境，搭建平台，让教师们成长得快一点、好一些。

最后，感谢各级党委、政府及社会各界对教育的重视和支持，对教师的关爱和理解。我们很高兴地看到淄博的教育在蓬勃发展，我们有理由相信淄博教育的明天会更好！

感谢大家！

渔洋故里，古韵情幽

诗词是中华传统文化的瑰宝，是民族精神和时代精神的重要载体，作为"一代诗宗"的"渔洋之乡"，有着丰厚的诗词文化的底蕴。

学生成长需要诗词

学生的成长需要人文素养的浸润，而中国的古典诗词，以其精美的韵律和丰富的内涵，成为涵养人生的一泓清泉。诵读经典诗词，不仅使学生终身受益，而且诗风词韵的流传，可以让民族的经典在孩子的心中扎根。这既是一种文化的熏陶，又是一种文化的传承，可谓利在当今，功在千秋。

学生的成长需要诗词。但在教学中，我们发现，很多学生随着年龄的增长，对古诗词的兴趣逐年递减。这引起了学校教师的深思。怎么改变这一状况？

借中华诗词之乡的创建活动，学校师生开展了探索和实践。

让校园充满诗意

诗词是一种文化，文化应是"随风潜入夜，润物细无声"的。我们就从校园环境开始改变，着力营造"文化校园""诗词校园"。

学校的一草一木、一灯一路，都弥漫着一种书香的气息，都散发出和谐与快乐的光芒。传统文化标牌、诗词名句标牌、历史故事雕塑等，处处昭示着传统文化的魅力。

展板、走廊、黑板报、手抄报，各年级建设了文化长廊，各班建设了文化园地，各办公室建设了优雅的室内文化，诗墙、诗栏、诗屋，处处诗意浓浓。

学校的绿化美化也充满了诗情画意。户外阅览室曲水映石，碧草幽幽；童趣角、凝智园，竹林花架，委婉多姿，更增校园之自然之趣、书卷之气。

诗意环境的营造，使以诗词为代表的传统文化浸润着学子的心灵。

走进诗词，开展活动

为更好地开展诗词教学、弘扬传统文化，我们组织了丰富的校园活动。

一是诗词进课堂。除完成课本上的诗词教学外，各级部开展各具特色的诗词进课堂活动。如每天早读进行经典诗词诵读活动，保证每天不少于 10～20 分钟的诵读和书写时间；在语文课上，开设诗词鉴赏课，对喜爱诗词的学生进行诗词欣赏和写作培训；在教室内，开辟诗歌展示栏、举办诗歌朗诵会；学校派一名教师到北京进行了诗词吟诵的培训，指导全校师生的诗文诵读活动。

二是依托学校读书节，开展诗词专题活动。如小学部开展的《诗比节日更永恒》诵读展演，小学部每个班都参加了演出，在幼小的心灵中种下了诗词的种子；中学部开展的《我读诗词》汇报演出，让学生走进诗人心灵，感受诗词中的魅力。

三是开发诗词相关的校本课程。如中学开发了古典诗词创作课，从校外聘请了专门教师，每周一次，对有创作兴趣的学生进行辅导。小学部开发了《经典诵读操》，每天既锻炼身体，又让学生在潜移默化中接受诗词教育。学校成立了少海文学社，出版了社刊《听涛》，及时编发相关诗词，通报诗词活动动态。

四是举办各种诗词竞赛活动。如诗文诵读、诗词手抄报、诗歌作文竞赛、诗歌创作等。特别是每个学年，我们都开展一次古诗文诵读汇报活动，师生自编、自演诗词歌曲，朗诵、吟唱优秀诗词作品，在诵读中了解诗词、熟悉诗词、提升素养。

爱上诗词，提升素养

师生在亲近诗词的过程中，人文素养明显提升。学校教师参加诗词创作活动，提笔写诗，相互唱和；探索诗词艺术，由讲解诗词到传授创作技巧教学相长的良好局面。不仅语文教师，其他学科的教师也通过诗词的浸染而受益匪浅。

小荷已露尖尖角。诗文诵读、诗词汇报演讲、诗词手抄报比赛、诗词名句、书法展览等，小选手们各展才华，既获得丰富的知识，又受到良好的教育；既启迪思维、培养灵感，又能提高语言表达能力；既孕育创新精神，又增强审美情趣。学生的诗词入选《渔洋诗社诗词选》，在学校网站、宣传栏及时传播；日积月累，诗风词韵逐渐凝聚，学生的气质在改变，素养在提升。

让我们的校园，成为诗词的校园；渔洋故里，洋溢着诗香词韵。

童年是首歌——2007 级小学毕业主题大队会致辞

老师们、同学们：

今天，我们在这里隆重集会，共同庆祝学校 2007 级 698 名同学圆满完成了小学 5 年的学习任务，顺利毕业。

我代表全校教师向你们表示热烈的祝贺，祝贺你们即将从一个新的起点开始新的学习和生活的旅程！同时，我向为大家的健康成长倾注了无数心血的教师们表示崇高的敬意，正是他们的言传身教，无私奉献，才使我们共同迎来了这个充满喜悦的收获季节。

全体同学是我们学校建校以后招收的第二批小学生。2007 年 9 月 1 日，你们来到学校报到时，我们的学校仍在建设中。5 年，1800 多个日日夜夜，经过全校师生的顽强拼搏和共同努力，今天，我们的校园已经绿树成荫，鸟语花香，窗明几净，书声琅琅。5 年，我们学校先后荣获山东省文明单位、山东省规范化学校、山东省教学示范学校、全国艺术教育工作先进单位、山东省少先队工作先进单位等几十项荣誉称号。一流的师资、一流的设施、一流的管理、一流的质量，正是对我们学校的真实写照。

5 年来，学校和你们一起成长。学校发展了，你们从天真稚气的儿童长成了充满智慧的少年。学校的一草一木，见证了你们的成长与欢乐；学校的每一个角落，都留下了你们成长的足迹。一个个奖杯，诉说着你们的求索与勤奋；一张张奖状，凝聚着你们的智慧和汗水；一次次活动，记载着你们的团结和拼搏。

同学们，因为有了你们积极的参与和精心的爱护，才有了今天的绿色校园；因为有了你们的刻苦求知，才有了学校今天的育人成就；也因为有了全体师生的共同努力，才撑起了实验学校优质教育的一片晴空。

同学们，你们今天的进步和成绩，离不开各位教师的辛勤付出。有的教师身体生病，仍然坚持不离开讲台；有的教师产假未满，却提前回到了同学们的课堂；有的教师孩子发烧、老人住院都没有时间陪护……教师们对工作兢兢业业、对你们循循善诱，用辛勤的努力和智慧引领着你们健康成长。直到今天，每一位教师依然在用心叮咛，用心指导，用心祝福着你们今后的学习和生活……让我们以最热烈的掌声对他们表示崇高的敬意！

"毕业"这个词，蕴含着开始和进步。我觉得今天我们不是庆祝"结束"，而是欢呼开始；不是纪念"完成"，而是走向进步和成长。因此，对你们即将到来的中学生活，我想给大家提几点建议：

第一，是尽快适应中学阶段的学习生活。小学和中学的学习生活有些不同。学习科目增多，学习难度加深，学习时间也会自然加长。因此，你们要尽快适应。要在教师的指导下，选择适合自己的学习方法，提高学习效率，使自己学得轻松，学得快乐。

第二，要坚持多读书，读好书。青少年时期是人生当中非常美好的一个阶段。读一本好书，就是和一位高尚的人对话。天文地理、军事科学、人物传记、历史故事、文学名著……愿一本本好书天天伴你们健康成长。

第三，养成良好的学习和生活习惯，广泛结交益友。习惯成就人生，习惯成就未来。很多人之所以能够成功，都源于他们在青少年时期养成了良好的学习和生活习惯。他们勤奋努力，善于思考，而且在生活中广泛结交对自己的思想和生活有好处的朋友。

同学们，愿你们从今天开始自信坚定地迈出人生的第一步，走得更高，走得更远！实验学校将时刻关注着你们的成长，期待着你们进步的佳音！

最后，祝教师们工作顺利！祝同学们在今后的求学路上，努力学习，天天进步！

谢谢大家！

中国梦，我的梦——2013年3月4日国旗下讲话

尊敬的各位老师、亲爱的同学们：

大家好！今天国旗下讲话的主题是《中国梦，我的梦》。

度过了一个快乐的寒假，今天，我们全校师生集结在迎风飘扬的五星红旗下。壮美的国歌，这是中国人心中的歌；鲜艳的国旗，这是中国人梦中的颜色！

中华民族的昨天，可以说是"雄关漫道真如铁"。

中华民族的今天，正可谓"人间正道是沧桑"。

中华民族的明天，可以说是"长风破浪会有时"。

每个人都有理想和追求，都有自己的梦想。现在，大家都在讨论中国梦，实现中华民族伟大复兴，就是中华民族近代以来最伟大的梦想。这个梦想，凝聚了几代中国人的夙愿，体现了中华民族和中国人民的整体利益，是每一个中华儿女的共同期盼。

历史告诉我们，每个人的前途命运都与国家和民族的前途命运紧密相连。国家好，民族好，大家才会好。实现中华民族伟大复兴是一项光荣而艰巨的事业，需要一代又一代中国人共同为之努力。

时间的转轴，飞一般回拨，回到那波澜壮阔的百年追梦史。在中华民族一百多年的追梦历程中，有戊戌变法六君子在闭关锁国的困境中向往的"开放中国"，有梁启超先生在风雨如磐的旧社会呼唤的"少年中国"，有孙中山在血雨腥风中为之奋斗的"人民中国"，有毛主席在天安门城楼上庄严宣布"中国人民从此站起来"的气壮山河，更有邓小平面对铁娘子撒切尔夫人时的一句"主权问题是不能够谈判的"斩钉截铁……

回顾历史，我们明白，只有坚持民族复兴这个最伟大的梦想矢志不移，我们的民族才能走上振兴中华的道路；审视现在，我们清醒，只有国家梦想和个人梦想相互激荡，中国的发展才能迸发出巨大的活力。这个中国梦，凝聚着近代以来无数仁人志士的探索奋斗；这个中国梦，蕴藏着中华民族共有的"家国

天下"之情怀；这个中国梦，更包含着中国走向未来的自信和豪迈！

空谈误国，实干兴邦。中国梦，我的梦！

亲爱的同学们，青少年时期是人生中最美好的一段时光，也是给生命打底色的时期。因此，我们要倍加珍惜。

①心中要有一个伟大而美好的梦想，要心存对美好生活的向往，并每天为实现自己的梦想而不断努力。心中没有梦的孩子生活就失去了一半的色彩。

②要学会学习，要在教师的指导下，选择适合自己的学习方法，提高学习效率，使自己学得轻松，学得快乐。

③要坚持多读书，读好书。读一本好书，就是和一位高尚的人对话。天文地理、军事科学、人物传记、历史故事、文学名著……要让一本本好书天天伴你们健康成长。

④要养成良好的学习和生活习惯。习惯成就人生，习惯成就未来。很多人之所以能够成功，都源于他们在青少年时期养成了良好的学习和生活习惯。

同学们，愿梦想伴你们天天努力，不断进步，相信你们会成长为健康、乐学、智慧的阳光少年，无愧于自己的这段花样年华。

亲爱的老师们，老师的心中应该有一个伟大而美好的梦。这梦为孩子而做，为教育而做，为中华民族的伟大复兴而做。蔡元培、张伯苓、梅贻琦、陶行知……他们的一生怀揣着伟大的中国教育之梦，执着前行。感谢生活吧，让我们有幸陪伴孩子们走过 9 年时光。不管在课堂上还是校园里，不管是在一本本的作业里还是丰富多彩的校园活动中，我们每天都能听到孩子们生命拔节的声音。因为有了孩子们的相伴，教师的生命才有了质感。因为有了孩子们的成长和进步，教师的生命价值才得以实现。用心追求一种完整的教育生活吧，不光追求学生学业成绩的提高，更要呵护孩子的身心健康发展，小心轻放孩子的心！虽然教育不是万能的，但我们要无限相信教育的力量。

选择了做教师，就选择了责任和奉献，让我们在追寻教育之梦的路上，努力用敬业、博学和爱心成就每一个学生的梦想，把每一个学生的成长当作教师的最高荣誉！

老师们，同学们，我们生活在一个飞速发展的时代，我们生活在一个不断进步的中国。每一段新征程的开启，总是让人充满了憧憬。

　　让我们全校师生一起"汇聚梦想——相信未来"，手挽手走在追梦的路上！中国梦，我的梦！

　　谢谢大家！

让别人因你的存在而感到幸福
——桓台一中高三成人典礼家长代表讲话

尊敬的各位校长、各位老师、各位家长，亲爱的孩子们：

非常高兴作为家长代表在这隆重而又庄严的成人仪式上发言。对孩子们来说，今天是一个特殊的日子；对我们家长而言，今天也一样非同一般。

在此，我谨代表所有的家长送给孩子们三份礼物。

第一份礼物是感谢

孩子们，每天跟你们朝夕相处，对于你们的长大成人，作为家长的我们似乎并没有感到突然；但仔细回忆，一个新生命降临人间仿佛就在昨天。18 年，如流水一般逝去，是一种不可预期却又实实在在的缘分，让我们共同度过了一段再也不会重来的美丽人生。对爸爸妈妈来说，你们都是上天派来的使者。知道吗，你们的第一声啼哭，是妈妈心中最美的音乐；守候在你的幼儿园门口，看着小不点拖着大书包从学校里气喘吁吁地跑出来，我们的心中充满了快乐；那年，你们戴上了鲜艳的红领巾，看着你们握起小拳头，在队旗下宣誓的样子，我们的心中变得柔软，也多了一份感动；童年的记忆里，孩子们，你们是否还记得风筝、玩具枪、花裙子，还记得六一儿童节的演出和珍藏秘密的日记……告别天真的童年，迈进青春的大门，一天又一天，一年又一年，你们学会了读书、思考、欣赏、评判和选择……如今，一个个焕发着青春活力、蓄势待发的青年竟然就站在了我们的面前！你们生命成长的每一天，都给我们带来了无与伦比的喜悦和幸福。亲爱的孩子们，感谢你们！

第二份礼物是祝贺

孩子们，祝贺你们年满 18 岁长大成人。从今天开始，你们就是对自己、对他人、对公众、对国家和民族负有责任的国民。在你们成长的 18 年间，国家飞速发展，社会也在谋求改变。香港回归见证了一段历史的终结，北京奥运亮出了中华民族的绚烂；除了青藏铁路，还有三峡大坝；除了蛟龙入海，还有神舟上天……当然，在你们成长的 18 年间，地球远未清净，世界也并不太平……这个世界因为不完美才更需要你们的知识、你们的才能和你们的关怀。

今天的社会已经不同于远古时代，人的生存方式也不仅仅依赖于个体的强悍。你们是现代社会中的公民。不仅应当勇敢、聪慧、强健，还应当遵循现代社会的道德行为规范，这就是孝敬、诚信、正直、负责、文明、民主、尊重、友善、开放、包容等种种美德。要让别人因你的存在而感到幸福，让社会因为你们的存在而更加美好。此外，还要努力让自己成为积极、乐观、豁达、坦荡的人，因为只有具备了这些健康的心态和生活理念，才有可能拥有幸福的人生。今天的仪式，是你们生命进程中的里程碑，是你们去独立品味和解读生命价值与意义的开始。亲爱的孩子们，祝贺你们！

第三份礼物是祝福

孩子们，不管我们有多么不舍，多么不愿意放手，你们终究已经长大，就要离开父母的呵护，独立去追寻自己的理想，经历自己的人生。还有 20 天的时间，你们就要走进高考的考场，相信你们一定能带上阳光的心态和自信的微笑去迎接人生中这次重要的挑战和检阅。祝福你们，高考顺利、成功！

人生的路上，不只有高考，还会经历更多的挑战。未来的生活中，你们会遇到鲜花和掌声，也会遇到荆棘和坎坷。这就是青春，这就是人生。青春是打开了再也合不上的书，人生是踏上了就回不了头的路。是书，难免遇到生字，是路，难免会有崎岖——不管怎样，你们总要心向光明，心中要永远拥有梦想。无论何时何地，在你们的身边，总有一些人充满着正能量，那就是你们的榜样，是你们走向未来的出发点。亲爱的孩子们，祝福你们！

最后，我要代表所有的家长感谢学校，感谢教师们！

寒来暑往，春秋冬夏，晨星伴你们走进孩子们自习的教室，月光陪你们回到亲人已经入睡的家中。是教师们的无私奉献，为这个日益浮躁和功利的社会划出了道德和价值的底线；是你们的执着守望，为这个世界增添了一抹绿茵，留下了一方净土；是你们的言传身教，让我们的孩子从稚气未脱的少年学童，成为健康聪慧、心怀理想的阳光青年。感谢老师们！

孩子们，仪式是一种形式，誓言是一种承诺。愿你们用青春的承诺，放飞理想的风筝，去收获智慧；用青春的自信，做义无反顾的搏击，去收获属于你们的绚丽人生！

最后，祝福一中越来越好！祝福老师们身体健康！再次祝福所有的孩子们在即将到来的高考中收获成功！

谢谢大家！

由站队放学想到的

走在成长的路上，用眼睛去观察，用心灵去感受，用大脑去思考，教育会呈现不一样的风景！

小学生站队放学在学校是一道风景。

三十八个班，教师领着，体育委员带着，喊着口令此起彼伏。有的班看上去整整齐齐，孩子们走得精神抖擞，教师显得自信而从容。有的班稍显松垮，有的孩子一边走一边小声说着话。也有的班看上去还有些乱，教师很着急地一边要求一边带队。

做小学低年级的班主任，组织站队放学不能不说是一门学问。记得我做班主任的时候，面对小孩子动来动去，有时候就显得没有办法。但是我知道：在我们学校，站队放学是家长对班主任管理能力的一种检阅。这种检阅会带来相应的结果。有的班主任带着队伍整整齐齐地走到规定区域的家长面前，家长的脸上都洋溢着一种微笑和赞许。因为他们觉得班主任很有能力，孩子交给这样的教师，生活在这样的班里很放心。于是他们会对班主任产生一种敬畏，接下来对班级的工作也会很支持。产生良性循环以后，即使有时候班主任的工作偶尔出现一些疏忽，他们也会理解和谅解。反之则不然，如果班主任总是把一个乱糟糟的队伍带出去，家长会对班主任的组织管理能力产生怀疑，他们在心里会打一个问号：连站队放学都组织不好，这个教师能管好孩子吗？这种不信任将带来他们对教师态度的漠视甚至敌意，接下来就是对班级工作的不支持，出现恶性循环以后，一旦我们的工作出现点滴失误，他们就会故意放大，找班主任和学校的麻烦。

我们不能责怪现在的家长难以满足，设身处地地想：毕竟家长交给我们的是一个个活泼可爱的孩子，而不是一只小猫、小狗或者没有生命的东西。他们怎舍得拿自己孩子的成长做赌注？由此我们不难理解：为什么我们每逢班主任工作调整，家长都会有一些这样那样的情绪。学校允许教师有一个成长和进步的过程，但是，亲爱的老师们，要尽量地缩短，再缩短。起码能自信地说：孩子们跟着我不比跟着别人吃亏。向有经验的班主任老师取取经吧，你也能把站队放学的队伍组织得那样整齐，给自己一份自信，给家长一个放心！

　　班级管理，从站队放学开始！

没有称呼的出门条

在值班室里，无意看到了老师为学生写的出门条。统一印制的出门条上称呼是"警卫室"，老师随手写的出门条大多没有称呼，直接写了出门原因。很少有称呼的几张，有的称呼是"门卫"，有的称呼是"门卫大爷"。我们可以原谅我们的老师因为工作忙，在写的时候省略了很多。但我们必须知道，出门条上没有称呼或者直呼"门卫"这是不礼貌的，也是对警卫室师傅们的不尊重。无意批评我们的老师，因为很大程度上他们是无意为之或者说根本没有想到。然而正是无意中表现出来的东西才彰显一个学校的文化底色。由此我想到了人大附中刘彭芝校长在《新课程背景下的学校文化建设》报告中曾经讲过的一个案例：齐艳是一个贫苦的农村姑娘，2003 年 8 月由保洁公司派到人大附中当清洁工，但她很爱学习。2004 年 11 月通过成人高考，攻读人力资源专业。2006 年 11 月开始参加心理学专业的自考，现即将毕业。小齐的学习基础不是很好，学习中不时遇到很多难题，教师和学生都曾给予她真诚的鼓励和帮助：她去上给老师们开的英语班，没人排斥她；她学心理学时要交实验研究报告，心理教师给了她热情而专业的指导；她遇到了高等数学的难题，自习室里素不相识的学生给她耐心地讲解。她说："来人大附中后，我没有觉得自己是卑微的，最大的改变就是增强了自信心，同时改变了人生态度，这里的每个人都懂得鼓励和尊重别人，都活得有追求而不平庸，我觉得我也要像他们那样，现在我对未来充满了希望和想法。我想学习毕业以后从事幼儿心理健康教育方面的工作。"

是什么使这个保洁工人的人生态度发生了转变？我想：应该是人大附中整体的氛围，是学校形成的一种风气。这种氛围和风气看似无形，实则有形，类似物理学中一个"场"，不知不觉地影响着每一个人，改变着每一个人。仔细想来，这种氛围和风气之所以形成，是这个学校的群体具有特定的、共同的价值取向和行为方式——每个人都懂得尊重别人，每个人都活得有追求而不平庸。这就是学校文化的强大魅力。

　　学校文化是学校在长期的教育实践中逐渐积淀生成的，并为其大多数成员认同。它如同一棵生命树，学校中具体表现出来的物质、行为、制度、精神状态是生命之树的叶子，学校中大多数人对待物质、行为、制度、精神等的价值取向是生命之树的主干。

　　不管是警卫室的师傅，还是清洁工人、临时工作人员、代课的教师，都在为我们的学校努力着、工作着，一个热情的称呼，一声亲切的问候，一次适时的帮助，都表达我们应有的真诚和尊重。

开除他？！

今天，在一个班上发生了这样一件事：一个学生没有完成作业，而且对教师撒了谎。很可能这不是第一次了。教师气愤至极，把他拎到了讲台上，问同学们："某某同学今天又没完成作业，还撒谎，每次考试都不及格，老师是没有办法了，大家讨论讨论该怎么办吧。"

"开除班籍，不让他在我们班上学了！"同学们虽然有的在做作业，有的在收拾东西，也有的在看书，但是回答老师的话几乎是异口同声！亲爱的老师们，当我们听到学生这样的回答，我们不觉得浑身发冷吗？这种异口同声的"开除班籍"声背后，他们怎么就没看见那个孩子眼里噙着泪呢？也许他正等着来自同学的同情、帮助和爱呢！

我想：这样的答案显然不是我们老师想要的，或许是老师只想通过学生的嘴给这个孩子施加一下压力，出出气而已。也许我们的老师很希望听到的是同学们回答："我们帮助他！"但是，值得我们深思的是，"开除"他和"帮助"他，这两个声音给我们折射出的是怎样的教育理念和班级文化？对自己犯了错误的同伴表现出的是如此冷漠，是什么让我们的孩子变得这样可怕？

教育，要给孩子有益的教育理念！

第六编 美国教育印象

学校应该成为孩子们喜欢的地方

在美国的中小学校考察，和学生座谈，我都会问学生一个同样的问题：你们喜欢自己的学校吗？为什么？不论是在幼儿园、小学、还是在中学，我得到的是同一个答案——喜欢，因为学校很好玩。与家长交流中，所有家长都反映：一天不让孩子上学，孩子就不高兴。于是我思考：美国的学校是怎样成为一个让学生喜欢、让学生感觉好玩的地方的呢？

教育，应首先让孩子感到快乐而不是约束

在听课过程中，我发现教师在让学生写字的时候，从来不要求书写的规范和质量。只要学生能写就行，甚至连握笔的姿势都不纠正，任凭孩子在纸上描来画去。在我看来，写的质量也实在是太差了。我想：孩子们刚刚入学开始学写字，为什么不给他们一种规范，让他们在四线三格中写得更漂亮一些呢？难道在格中把字写规范也能影响学生的自由发展？

带着这个疑问，我通过翻译和教师做了交谈。她说，孩子现在年龄很小，他们的大脑和手指的协调能力还不能让他们很容易地就写在格子里那么规范，为什么要让他们一上学就感到写字那么难，上学那么讨厌呢，等他们年纪大一点，自然而然就好了。现在，只要孩子能写就好！

教育最重要的是让孩子感到学校是个很快乐的地方，而不是把字写得工工整整！

上课，就是在玩中做，做中学

走进美国中小学校的课堂，几乎看不到"满堂灌"的教学。不管是什么学科，差不多都是教师和学生一起在玩中做，做中学。

一节讲生态系统的科学课，教师和学生分组，用大的可乐瓶制作了一个完整的生态环境。瓶底是水的系统，里边有各种水生物。上边是土壤系统，土壤中种植了绿油油的植物，还有各种小虫。

据说，这个生态系统专题要上一个月的时间。这一个月中，学生每天都上一节科学课。上课就是观察各个系统之间的联系和变化，记录相关数据，做出科学分析。一个月的时间下来，完成一份真实、科学而完整的实验报告。

这样的课上，他们学会的不只是生态系统的相关问题，更重要的是他们学会了科学研究的方法，培养了对科学研究的兴趣。

这样的课堂，学生能觉得不好玩吗？

学校里，每个孩子都会最大限度地得到鼓励和欣赏

在美国的学校里、课堂上，时时听到的，处处看到的，是老师对学生的赞扬和欣赏。有时候，在我看来，这个孩子做得或说得并不是很好，甚至还可以说有些糟糕。可是，我们同样会听到老师竖起大拇指很夸张地说"OK"！在老师的意识当中，只要孩子"敢做就好""能说就好""会写就好"，他们看重的是态度和过程，至于结果，好像并没有那么重要。是啊，哪个孩子不希望得到老师的赞美和欣赏？也许就是这一声声的"OK"，让学校成了孩子们很喜欢的地方！

第七编　语文教学应舒展开来

感情融汇感情　思想碰撞思想

很早就听说过李镇西老师，并且听很多老师说"听课要听李镇西"。我没听过李老师的课，这是一大憾事。每逢到书店就搜寻他的书，但是在小书店很难找到。这次去上海学习，在华东师大出版社的读者服务部终于看到了《听李镇西老师讲课》这本书，这本书记录了李老师17篇课文、几十个课时的课堂教学实录。

读完这本书，就好像吃了一顿营养大餐。想写又不知从哪儿写。因为，我不知道用怎样的词语才能形容李老师的课，只觉得他的课有一种独特的魅力。正如程红兵老师所说，李老师的课是用他的心灵、他的思想、他的情感、他对课文的理解、他对生活的认识与学生碰撞之后而生成的课。从他的教学实录中，我似乎能感受到他在课堂上那诗人般的激情，他那随心所欲驾驭课堂的艺术。

给我印象最深的是他讲鲁迅的小说——《祝福》。

李老师曾经不只一次地说过："老师主要的作用是营造一种平等和谐的对话氛围，让每一个学生都拥有舒展的心灵、思考的大脑，然后让感情融汇感情，让思想碰撞思想。不要把自己对课文"深刻的领会""精彩的分析""独到的见解"灌输给学生，应该让学生自己去领悟。哪怕只领悟出五分，也比老师灌输给他十分强。

平等对话的课堂

读完李老师讲的《祝福》，我知道了什么样的课堂叫平等对话的课堂。上课开始，李老师很平和地让学生谈谈读完《祝福》以后的感受，学生纷纷发言。李老师提出要求：先用一个词语概括说出自己的感受，再结合具体的词句具体说。杨晓梅读出的是愤怒；张长春读出的是沉重；汪洋读出的是悲哀；裴丹读出的是控诉；魏铭江读出的是虚伪；李文思读出的是不幸；王楠楠读出的是惆怅；王卓读出的是孤独；苏畅读出的是批判……同学们根据课文内容和自己的理解谈得有理有据，李老师不断地在引导，在欣赏，在调控同学们的发言，有时会很自然地说出"我也谈谈我的看法"。在整个讨论的过程中，老师不露痕迹地承担着发言首席的任务，更多的时候是把自己作为一分子融进大家的讨论。没有老师的权威，只有平等的讨论，各抒己见。可以看出，学生发表的意见中不乏个人深刻的思考和独特的见解，他们时而旁征博引，时而争取同伴的意见。可见老师在课堂上创设的平等对话的环境，对培养学生独立思考、勇于发表意见的品质和习惯是多么重要。

动态生成的课堂

所谓动态生成，就是在课堂教学的过程中，"不期而遇"一些问题或状况。优秀的老师能抓住这些问题，利用这些问题，把课堂引入更深刻的讨论，更高的境界。这样既尊重了学生的生成，又能顺利地完成教学任务。

《祝福》这堂课，学生苏畅在谈祥林嫂悲剧命运的时候，联想到巴金《家》中的鸣凤。苏畅将祥林嫂与鸣凤这两个人物的性格、遭遇、命运等做了比较和分析，尽管观点还比较幼稚，但这是她自己的感受，李老师对苏畅大加赞扬一番。鸣凤在课堂上的出现，对李老师的课堂教学来说实属"不期而遇"，在对鸣凤的分析和讨论中，提到她的自杀，这很自然地引出了祥林嫂是自杀还是他杀的问题。李老师以此为契机把学生的讨论引向了深入——祥林嫂是怎么死的？谁杀死了祥林嫂？对《祝福》来说，这是一个有研究价值的问题，也是那个"牵一发而动全身"的问题。尽管李老师非常期待这个问题的出现，甚至想自己提出来，但他还是以最大的耐心给了学生一份等待，期待从学生自己的讨论中生成这种"没有预约的精彩"。

学生积极参与的课堂

所谓学生参与，最本质的就是学生在课堂上投入了多少思考力，与同伴、教师和文本产生了多少思维碰撞和感情互动。在李老师的《祝福》中，我读出了什么叫学生积极参与。

当同学们对作品的理解和分析统一到"祥林嫂是被逼死的"时候，李老师不失时机地布置了课后作业：建议同学们最好以起诉书的形式，起诉逼死祥林嫂的元凶。这一招又把同学们的积极性调动起来了，课后都开始积极准备起诉材料。

课上，赵瑞雪发言，她起诉的是祥林嫂的婆婆。只见她站起来大声念道："尊敬的审判长，作为死者祥林嫂的辩护人，我在此向您申明，杀死祥林嫂的真正凶手，正是她前任丈夫之母。之所以这样说，我有自己的理由……"在赵瑞雪陈述完理由以后，又有很多同学宣读了他们的起诉书。他们分别起诉了文中的"我"、四婶、四叔、柳妈、卫老婆子……在同学们起诉得热火朝天的时候，李老师适时引导是"过失杀人"还是"故意杀人"的问题，很自然地引出了"封建礼教杀人"这一主题。课堂上可以看出，每一位学生的发言都蕴涵着他们的思考和见解，没有盲从和人云亦云，也没有浅层次地回答"是"或"不是"，"同意"或"不同意"。同学们的交流真正产生了观点上的交锋，同时产生了情感上的互动。这才是学生积极参与的课堂。

点击现实的课堂

《祝福》的主题就是"封建礼教杀人"。然而，当同学们在讨论中对这一主题理解到最佳效果之后，李老师的课堂并没因此停止，而是又把这种讨论巧妙地引向了现实。这就是他承上启下的那段引子："礼教的实质，就是用道德以及这道德所产生的舆论来压抑人，把人变成非人。在封建礼教下，人失落了！而实际上我们最终追求的是人的解放，是要做一个人，做一个精神上独立自由的人！当然，这个自由不是为所欲为，如果那样也不是人而是野兽。那么，旧的礼教破灭后，又出现了哪些新的礼教呢？"……又是一石激起千层浪，同学们再一次陷入了深深的思考，课堂讨论从小说转向了现实世界，课堂教学由学科和文本世界转向了现实生活世界。同学们在不断地思考。最后，同学们在理解和讨论中水到渠成地达成了共识：其实新礼教和旧礼教没有什么区别，都是人的失落，人的权利的失落，人的自由的失落！破除礼教就是人不为礼教而活，不为别人的脸色而活，不为舆论压力而活！至此，《祝福》的教学，在我看来达到了一种完美的境界。

我感觉鲁迅的作品是比较难"讲"的，主题比较"隐晦"，语言比较生涩。但是，读李老师的《祝福》让我有一种如痴如醉的感觉，而且觉得自己向鲁迅的作品走近了很多，不知不觉开始思考和分析鲁迅的其他作品。期待自己在课堂上也会收获一份智慧，一份从容。

"读出自己"与"读出问题"

"读出自己"与"读出问题"是李镇西老师课堂教学的灵魂，也是语文阅读教学的根本。

何为"读出自己"？用李老师的话就是：从课文当中读出自己所熟悉的生活或场景，读出和自己思想感情相通的某一个情节或人物形象，甚至读出触动自己心灵的一个时代或一段历史……

什么是"读出问题"呢？读出问题就是质疑和研究。质疑是面对课文，面对作者，面对老师，把自己的疑问提出来。研究就是同学们对某一段不理解，或者对某一句话甚至某一个词不理解，都可以提出来讨论研究。

2003年4月15日，李老师在郑州铁路二中讲朱自清的《冬天》，这是一堂"突然袭击"的课，又是"借班上课"，学生没有任何准备和训练。但李老师依然能引导学生"读出自己""读出问题"。

上课了，李老师和学生"随便"聊了起来，看似随便，实际让学生懂得了怎样才算读懂一篇课文，怎样才走进课文中去？

学习课文时，他紧紧扣着"读出自己"和"读出问题"把课堂展开，他没有刻意地让学生谈怎样"读出自己"，而是提出问题，让同学们交流课文中哪些语句最能打动你的心扉，哪些语言最能扣动你的心弦？问题抛出，教室里立刻呈现出活跃的气氛，同学们展开了热烈的讨论。

第一位同学发言说："我喜欢第一段的最后一句：我们都喜欢这种白水豆腐，一上桌，就眼巴巴地望着那锅，等着那热气……"我读出了一位慈祥的父亲，他是多么慈祥地为孩子们夹豆腐。还有孩子饿的时候那急切的心情，眼巴巴地望着那锅。这一细节特别形象，特别传神……

李老师很满意这位同学的发言，因为他抓住了课文中的细节描写，读出了一位父亲的慈祥。

第二位同学发言："我觉得第一段很好，这一段与我看过的一部电影很像。

这部电影叫《我最中意的雪天》，是荷兰故事片，写了一个很温馨的家庭。"我的家庭也很温馨，所以我对这一段感触很深。

李老师对这位同学的发言也是肯定的，能从课文中联想到看过的电影，进而联想到自己的家庭，这也是一种"读出自己"。

第三位同学的发言使课堂讨论走进了高潮。一位女同学，她先读了课文中的一段话："父亲得常常站起来，微微地仰着脸，瞥着眼睛，从氤氲的热气里伸进筷子，夹起豆腐，一一地放进我们的酱油碟里。"读完这句话，已经泣不成声了，她带着哭腔继续说："读到这里，我想起了和家人一起吃饭时，爸爸总是把最好的菜夹到我的碗里……"

李老师听到这儿也被感动了，他表扬这位同学很会阅读，接着很用心地表扬她是一个非常孝顺的孩子，是一位非常善于感受爱的孩子！因为她由朱自清的文章想到爸爸给自己夹菜的情形，而且为爸爸的爱而流泪了。

……同学们继续发言，李老师继续引导。同学们在老师的引导下思考着，联想着，交流着……不知不觉中，欣赏着文章的精彩，品味着作品的美妙，完全把自己融进了作品中，实现了第一个教学目标"读出自己"。

这时，李老师不失时机地把学习目标转到了"读出问题"。他说："读一篇作品，除了欣赏，我们还要进行研究，同学们有什么看法？不喜欢这篇文章的同学也可以大胆地提出自己的质疑，或者有文中有不太懂的地方，也可以提出来。总之，什么问题都可以提！"依然是不动声色，不露痕迹，几句平实的话，把课堂引入了另一个自由的论坛。

同学们开始讨论了。

第一位同学说："我渐渐地快睡着了，这句话中的渐渐和快叠在一起有些不太通顺。"

第二位同学说："这篇文章的题目是《冬天》，可是，我发现本文通篇没有写冬天，好像有些文不对题。"

第三位同学说："妻也惯了那寂寞，只和我们爷们守着。"这话我读不懂。

第四位同学问："第二自然段说殿上灯烛辉煌，满是佛婆念佛的声音，好像醒了一场梦。"我想问，他们醒的是哪一场梦？

……同学们一个接一个地提问着，李老师并没有亲自给学生解答这些问题，而是把问题又一个个抛给了学生。老师引导着，同学们讨论着，交流着……举手提问的同学越来越多，但是李老师的课要结束了。他说："同学们，课上你们能提出这么多问题，我觉得这课已经成功了！我们上课不是为了解答完所有的问题，事实上我们是解答不完的。重要的是你们已经学会思考问题，提出问题，也就是能够读出问题！"

"读出自己""读出问题"，贯穿一堂课的始终，赋予了语文教学另一种色彩，赋予了课堂教学生命的意义。

"好课"与"坏课"

中午吃饭的时候，儿子显得神采飞扬。我问："是下午有什么集体活动，还是又得到了老师的表扬？"儿子回答："都不是。是因为今天下午有两节好课。"我问："好课？什么课是好课？难道还有坏课吗？"儿子说："当然有了，音体美和综合实践都是好课，语文、数学都是……唉，不能说是坏课，但总是不如好课好。"儿子对我说，"这不是我个人的看法，是我们全班同学共同的观点，不信你去调查。"儿子是怕我批评他，便强调这是全班同学的观点。"你以为你们班学生不这样想吗？那是因为你是语文老师，他们不好意思伤你的心，不敢给你说实话罢了，他们也认为语文数学不是好课。"儿子又一本正经地对我说。

我问他："那你给我说说好课坏课的标准是什么？"儿子扳起小手指对我说："好课的标准：一上课轻松；二老师态度好，很和蔼，不凶；三一般没有课外作业；四让我们唱、让我们画、让我们动。明白了吗？"看来，这"好课"，的确是孩子们喜欢的。我惊讶儿子说得这么有条理。我觉得他语文和数学都学的不错！我说不出心里什么滋味，是高兴还是惆怅。我刚要张嘴对儿子说些什么，儿子摆摆手并且油腔滑调地对我说："妈妈，拜托，我知道语文、数学很重要，将来上了中学还要继续学，如果学不好就考不上好大学，我一定好好给你学，行了吧？"我瞪了儿子一眼，示意他对妈妈讲话要有礼貌。他笑了，看着他调皮的样子，我也笑了，笑得无可奈何。

作为语文老师，我感觉很失败，自己和所有的语文老师一样，整天辛辛苦苦备课上课，批改作业，以为很敬业，对得起学生、对得起自己的工作。结果，我们的语文课还不能挤进学生心中"好课"的行列，我们应该好好反思我们的语文教学。

语文课上学生不轻松呼唤老师的教学艺术

实际上，孩子们刚刚入学的时候，是非常喜欢语文的。一年级，领着孩子们学汉语拼音，学短小的课文时，犹如带着他们去畅游拼音王国和童话的世界，那时候，多数孩子还是喜欢语文课，喜欢语文老师的。随着年级增高，随着课文学习的逐步深入，识字、朗读、理解、分析、记忆、背诵、默写等多种教学任务一起以必须完成的要求压向学生的时候，学生的承受力受到了挑战，开始觉得语文课不轻松。这时，如果语文老师能够优化语文课堂教学的结构，让学生从识字中体会汉字的美，从朗读中品味语言的美，从课文中感悟语文的美；在美的享受中学习字、词、句、段、篇，学生怎么会觉得语文课是"苦"的。比如窦桂梅老师讲《落叶》，如果只是识字、朗读、背诵、默写这样几个教学环节，孩子们也许会把它当作一篇课文、一堆知识记住，但不会感兴趣，不会感觉语文的美丽。再看窦老师的《落叶》，从上课开始，孩子们随着文字，成了落叶纷飞中的小虫、蚂蚁、燕子，他们飞，他们藏，他们乘船顺流而下，他们结伴嬉戏玩耍——在一种近乎迷幻的氛围里，他们忘乎所以，身外的一切都不复存在。只有课文，只有落叶，只有窦老师带他们由白纸黑字出发到达的童话世界。这就是课堂教学艺术的魅力！这种充满美的享受的课堂上，孩子们怎么会觉得不轻松？

语文课上学生被动接受呼唤多向互动的课堂

学生之所以觉得"好课"之好，是因为在音乐课上可以唱，在美术课上可以画，在体育课上可以运动，在实践课上可以活动，他们的身心都可以参与课堂。好动好玩，这符合小学生的身心发展特点，因此他们喜欢。语文课，除了在公开课上老师或多或少地注意学生的参与度以外，在更多的课堂上学生扮演的是"听众""写家"，听讲—记忆—做练习，成了学习语文一条龙。孩子们怎么会喜欢？实际上，语文课也可以让学生"动"起来。听、说、读、写和讨论、练习等，这都是完成语文教学任务的必要载体和手段，老师要想方设法让学生很有兴趣地参与每一个过程。使师生间、生生间不断发生碰撞，产生交流。李镇西老师的语文课之所以受学生的欢迎，根本原因就是他把学生"忽悠"起来了，让学生从课文中读出了自己，读出了问题，课堂成了学生们在他组织下的论坛，学生们在课堂上真正"动"了起来。这样的课，学生一定盼着上，一定不会把它打入"坏课"之列。

语文课后作业种类繁杂呼唤课堂教学效率的提高

语文课后作业数量多，种类繁杂是学生不喜欢语文课，把语文课打入"坏课"之列的又一个重要原因。很多老师，课前备课不充分，课上讲不明白，效率不高，课堂教学效果"一塌糊涂"。老师想用"水大泡倒墙"的办法，靠课后作业来"弥补"。生字写多少遍，组词组多少个，段落也抄，好词佳句也抄，课后练习也要做……学生不敢或者没有能力"反抗"，就只好乖乖做吧。于是，学生在一堆的作业中，"烦"了语文，也"烦"了语文老师。

要解决课后作业多的问题：第一，要提高课堂教学的效率。课堂教学效率的提高对老师来说是个永恒的课题，有效教学是每一个老师理想的教学目标。有效教学先要落实有效备课，备课过程中优化教学设计，运用各种有效的教学手段和教学方法，在有限的时间内力求达到最优化的课堂教学效果。让绝大多数学生通过课堂教学就能把该掌握的知识掌握，该训练的技能得到训练。第二，要优化作业任务，提高作业效果。课后作业要最大限度地优化任务，达到做课后作业的目的和要求。

语文课上老师的态度呼唤科学而有效的评价体系

于漪老师曾经说过：汉语言文字不是单纯的符号系统，它有深厚的文化历史积淀和独特的文化心理特征。从这个意义上讲，语文应是一朵清香四溢的鲜花。例如，小学低年级的语文教材，精选了朗朗上口的词串，美丽的童谣，有趣的童话等，语言文字中蕴涵的美是不言而喻的。面对这么美的语文教材，加上活泼可爱的孩子，我们的语文课堂应是孩子们向往的童话的王国。语文老师应该是语文王国里孩子们喜欢的白雪公主。现实中，学生对语文老师冠之于"大灰狼""狼外婆"的"美誉"。可想而知，老师在课堂上对学生的态度是不是"凶"。用学生自己地话说：只有上公开课的时候，老师的脸才会"多云转晴"，一般情况都是"雨夹雪"。我没有做过调查，能有多少语文老师在课堂上感悟到职业带给自己的幸福？我想百分比不会太理想。因为有人对刚升入高一的新生进行语文学习兴趣的调查，调查结果显示：对语文学习没有兴趣的占 50.8%，兴趣一般的占 39.17%。为什么语文老师缺失了这种职业的幸福感，享受不到语文教学课堂带给自己的快乐？现在语文教学中面临的一些现状值得我们关注：①超负荷的课时负担，学生上学之后，周课时内几乎一半的时间都是语文课，学生因"多"而烦；②语文教学脱离课程标准无限制地拔高要求，让老师不得不对学生提出一些过高的要求；③语文试卷中无价值的各种题型，"逼"得老师和学生无所适从；④语文考试的标准化应试答案，远离了语文的丰富多彩，让人看着哭笑不得；⑤语文老师基本上都担任班主任工作，繁杂的班主任事务像陀螺一样在班上转。哪还有精力去钻研教材，去享受课堂？

语文老师，面对语文教学这朵伤痕累累的花，应当于荆棘中求一缕芳香。让语文课挤进孩子们心中的"好课"之列。

路漫漫其修远兮，但作为语文老师的我们应上下求索……

从热闹走向心动

新课改以来，因为课标要求要突出学生在课堂教学中的主体地位，老师便想方设法调动全员参与，于是涌现了许多看上去很生动、很热闹的课。热闹之后，仔细回味，让人感觉大多缺少应有的心动。

"夫缀文者，情动而辞发；观文者，披文以入情。"（《文心雕龙》）

"作者思有路，遵路识斯真；作者胸有境，入境始如亲。"（叶圣陶语）

仔细想来，这种热闹课堂形成的原因：①热闹的师生问答浮在表面，很多课堂，看上去非常活跃，老师不断地问，学生积极地答。紧扣教材，仅限于教材，看到了什么，听到了什么，主人公会怎么想、怎么做等，老师情感储备和背景铺垫不足，使教学没有走进学生的内心世界。②热闹的小组讨论浅而乱，老师对小组讨论的问题设计太浅显；对小组讨论的问题不明确，对参与讨论的过程没有训练。导致小组讨论时，学生热热闹闹，好像在各抒己见。但是，在讨论的过程中，很少融进学生对课文的思考，更谈不上很好地理解和不同观点的交锋。③热闹的各种活动：画、猜、演、贴以及各种形式的读。

课堂教学中，我也曾经追求这种活跃的课堂，热闹的课堂，看上去学生都在参与。经历过很多痛，才慢慢地感悟到：热闹的背后有很多浮躁。唯有让课堂走进学生心灵，才能赋予课堂以灵动和生命。

教学实践例谈：

教学《王二小》，根据课文内容，师问生答，课堂也很活跃，最后还播放了歌曲《歌唱二小放牛郎》。下课还有一两分钟，我问：同学们还有不明白的问题吗？一位学生站起来一本正经地说："老师，王二小骗了人家，为什么不能杀他呢？"如果全班同学哄堂大笑，我会觉得这个学生是故意捣蛋。这时，全班同学竟然都看着我，没有笑话这个孩子的意思。我的脸红了，我知道，我只是把课文当成课文来讲了，没有让学生的心灵去碰撞课文的灵魂。

后来，我从旧中国的贫穷落后、抗日战争的爆发，引用了大量的日本人杀害中国人的数据，播放了电影《王二小》。电影中歌曲响起的时候，孩子们在静静地听，我想，那时候，也许王二小才开始靠近了学生的心灵，学生才开始认识王二小。

《秋天的怀念》是残疾人作家史铁生的作品。我教过好几遍。开始对课文以外的内容涉及的并不多。只是简单介绍作者和背景，在介绍背景时我还引入了大段的旁白，然后开始按套路学课文。应该说学生基本能掌握课文的内容，但是对这位残疾作家当时的心境，母亲对这个失去双腿的残疾孩子的那种小心谨慎的别样的爱，母亲当时得了癌症晚期还强忍悲痛照顾这个一度不想活了的孩子的那种情感，都不能很好地理解。我读到"我们娘俩一定要好好活，好好活"这个句子时眼里都噙着泪了，还有很多学生在笑，而且窃窃私语，看，老师哭了。我使劲瞪他们，学生依然表情茫然。这秋天的怀念是"怀念"不起来了。我知道又是一节失败的课！后来我做了一些补救，但是离我心中要达到的程度相差很多。

再教《秋天的怀念》，我先重读了《我与地坛》，又推荐学生读，读了以后再交流，教学时明显感觉没有那么吃力了。文中的很多重点句子我故意说不懂，学生抢着讲给我听。再一次用心读"我们娘俩一定要好好活，好好活"这个句子时，教室里静静地，一点声音都没有。我想，我终于成功了。依然是在教学日记中，我写下了两句话：老师的情感储备和感情渲染不能代替学生的阅读体验。走进《秋天的怀念》，"怀念"之情才能油然而生，水到渠成。

教《荔枝》这篇课文时，又提到了《秋天的怀念》。我对学生说："两篇文章中的母亲都已经长眠于地下，作为他们儿子的肖复兴和史铁生，他们在母亲的墓前，分别会说什么呢？"孩子们的讨论分明让我感到了一份欣慰。他们已经感悟到：同样是怀念母亲的文章，却是两种不同的怀念。"而今，荔枝依旧年年红"，到处都是幸福，是平实的爱。而"秋天的怀念"，则充满了深深的懊悔。

看了《山东教育》一篇文章《给诗配画学古诗》，我觉得对写景的古诗还行。于是，在教学《山行晓出净慈寺送林子方》《饮湖上初晴后雨》时，围绕"诗与画"的教学形式展开，按照配画—议画—改画—添画的教学流程，课堂上学生都在动，几乎从头到尾，学生眼睛看的是画，心里想的还是画，画是为诗服务的，可是，整整四十分钟，学生只朗读了几遍，也没有背诵。可想而知，最终学生悟出的"诗"意没有多少。

后来，我教这两首古诗时，找到一些方法：第一步搜集很多关于西湖美景的图片，一年四季的美景都有；第二步开始读诗；第三步开始评价作者的诗构思和表达；第四步开始赏诗。课后作业：写诗赞西湖。

教学《一夜的工作》，这是一篇很浅显的小短文。就是讲第一次文代会以后，作家何其方去总理办公室陪着审阅文件，看到总理工作劳苦，生活简朴。然后有感而发，周总理真是人民的好总理。最近几年教了三遍。第一遍按工作劳苦、生活简朴两个方面，常规讲法，抓住大量的数量词语，比较、分析、朗读、背诵。辅助资料配上了总理一日工作的时间表。第二遍是看了顾松棠老师的一篇文章，按照"一进总理办公室看到的、想到的，二进总理办公室看到的、听到的、想到的，回来路上的感想"这样的方式来讲，配上了总理生前工作的很多图片以及长安街上送总理的录像。新颖了一些，但依然没走出课文。

去年，我讲这篇课文的时候，先在课前留了一个作业：周总理，是（ ）的总理。填上空，要说出理由。上课第一步，我先引入了《百年恩来》的片段，认识周总理。第二步，对《一夜的工作》我提出问题：在回来的路上，作者为什么有这么强烈的感想？借此理解工作劳苦，生活简朴。进一步讨论为什么两段感想用"新中国"和"中华人民共和国"两种不同的说法？第三步，你心中的总理是个怎样的总理？学生给出了十七种答案。如：鞠躬尽瘁死而后已，一心为了人民，日理万机，外交智慧过人，带病坚持工作，虽然去世了但是还活在人民心中，全国人民爱戴的，和老百姓心连心，很有毅力……第四步，颂总理。我们一起朗诵了柯岩的诗《周总理，你在哪里》。

《向往奥运》是肖复兴在申办奥运成功后写的一篇随感，作者作为体育记者有感而发，感情很丰富但脉络不鲜明，内容也很多。怎么才能找到一条线，贯通全文，让学生受到感染能感悟奥运精神，进而才能体会作者的情感。我想，全世界人民都向往奥运会，就是因为奥运会的特殊魅力。那奥运会魅力是什么？怎样引向奥运会魅力呢？首先用大量的图片和学生一起回忆北京的申奥之夜，然后引出问题：北京的申奥怎么会让长城内外，大江南北，世界各地的华人华侨这么激动呢？这就是奥运的魅力！进入课文，抓住重点句段，学生开始随着作者的感受理解奥运的魅力。整节课，孩子们在品词析句中感受奥运的魅力。

从热闹走向心动，从花哨走向平实，是课堂教学应有的一种追求。学习语文，如果进不了品析、鉴赏、评价的境界，就像一个插上电的钻头在水泥地上擦滑一样，留下的是表层上的痕迹，浅浅的，时间久了，就没有印象了。母语，岂能这样学？

"教教材"与"用教材教"例谈
——观窦桂梅教师的《黄河象》有感

《黄河象》是一篇老教材。主要讲的是在北京自然博物馆的古生物大厅里，陈列着一具大象的骨架，这就是古代黄河象的骨骼化石。科学家们根据化石假想了黄河象是怎样变成化石的。这篇课文脉络很清楚，分三个部分：黄河象化石的样子、科学家的假想、化石的发掘。

这篇课文，按照教材的编排意图，不仅要完成语言学习的任务，还承载着在学习语言的过程中渗透爱科学教育的任务。如果按照"教教材"的标准来学习这篇课文，一般的步骤应该是这样的：读课文，初步感知课文，了解课文的主要内容；重点分析理解科学家对化石来历的假想，从而体会科学家思维的严密；了解化石的发掘过程。再进行一番热爱科学的教育。这样讲，很容易把语文课上成科学课，偏离了语文课的听说读写训练。结果把《黄河象》上成干巴巴的课。

在《黄河象》一课的教学过程中，窦桂梅教师首先根据课文的特点确定了一个教学主题——培养学生的想象能力。随后，一切课堂活动都围绕这一主题而展开。

课文解构与角色转换

窦教师没有按部就班地对课文进行讲解和分析，而是根据学生的学习心理将课文解构，创设情境，引导学生想象老象陷入淤泥的过程。在引导学生进行想象的过程中，窦教师让每一位学生都转换角色，变成一个个"小科学家"，这样学生由一个"听"科学家假想的"旁观者"，变成了"由我来想象"的"当事者"，促使学生设身处地思科学家所思，想科学家所想，积极参与"想象""推想"中。重要的是，在引导学生想象的过程中，教师没有按照顺序来要求，而是让学生"愿意想象哪一段就想象哪一段"，描述事情的经过、想象当时的环境、假想事情的结果都可以。这种要求，给了学生更充分的选择自由，体现了信任学生、尊重学生的理念。在学生作为"小科学家"想象了黄河象化石的来历以后，教师适时从"作家"的角度，也就是"写法"的角度加以引导，于是，学生在教师的引导中水到渠成地对课文的篇章结构进行了"重组"，潜移默化地进行了写作方法方面的引导和渗透。

启发想象与拓展创编

实际上，这是全篇主题教学中的一个难点。因为学生要想创编内容，必须带着批判的眼光看原文，必须超越原作者的想象去想象另一种可能。当学生在这里遇到障碍，出现"启而不发"的局面时，窦教师应引导并启发："难道这个黄河象只是来喝水掉进河里去的吗？还有没有另一种可能？也可能是在两群大象争夺领地的时候，一方追逐另一方，其中一头不小心陷进去了。有没有这种可能啊？还有一点要特别注意：这样完整的黄河象化石，尾椎骨是假的，这是怎么回事呢？"

教师的这一引导和启发，犹如把孩子们带进了另一个讨论的平台，孩子们的思路突然间开阔而通畅。

"也许是两头公象为了争夺地盘，在争斗中被对方咬掉了尾巴……"

"也许是这头公象爱上了一头漂亮的母象，在追逐中……"

"也许尾巴就在甘肃的某个地壳层，由于地壳的变化，正好从大象的尾巴处移动……"

"也许公象在挣扎的时候，他的老伴想救他，一下子拉断了尾巴……"

学生们推理着，想象着，表达着……想象丰富而合理，表达通顺而流畅。这一过程，早已超越了教材，给学生插上了想象的翅膀，让孩子们在历史的长河上空翱翔。更可贵的是，这种想象不是信口开河，不是空穴来风，不是没有根据的空想乱想，想象之前的激疑，让学生很自然地产生多元化的思维。最后，鼓励学生把自己的想象写下来，创编《黄河象》，这样，一方面使课堂上的想象练习得以巩固，另一方面使被解构的课文由学生重新建构起来。这个建构的过程恰恰是学生习得语言的最佳方式。

"用教材教"，教师不是拘泥于教材枯燥地分析课文，学生也不再受制于课文。课堂上，孩子们的心灵是自由的、开放的，他们的思想也是自由的、开放的。情感由此得以交融，课堂由此变得生动。从这样的课堂里走出来的孩子，必将获得同样生机勃勃的人生。

我教《梅花魂》

课前说课

《梅花魂》是小学五年级第十册的一篇课文。它讲了一位身在异国他乡的华侨老人对梅花的喜爱，反映了他对祖国的深深眷恋，表露了一位老人的中国心。从内容方面看，课文是对学生进行爱国情感教育的良好教材。从学习写作的方面看，全文采用倒叙的写法，首先由梅花想到外祖父，然后回忆几件具体的事情反映外祖父对祖国的眷恋之情，最后从梅花想到外祖父的爱国心。

学习本课需要两个课时，本节课是第一课时。教学重点是理解课文内容。确定的主要教学目标是在语言品析中领悟情感。为达到这个教学目标，本节课设计了三个教学环节：分别是谈话激情、理解课文和课后作业布置。其中，重点是第二个环节：理解课文。在这个环节中，围绕品析语言中领悟感情安排了四个步骤。

1. 把握脉落，体会情感。

在欣赏歌曲《红梅赞》之后，让学生自由读课文，思考课文主要写了哪些事，从中体会到什么。学生在小组内交流，教师引导学生归纳出五件事：分别是吟诗落泪、珍爱梅图、思国伤怀、赠墨梅图、送梅花绢。从中体会：外公的爱梅情、中国心。

安排这个环节主要是引导学生通过把握整体脉落来体会感情。

2. 品析句段，体会情感。

此步骤是这个环节的重点。引导学生从整体走向重点句段，通过对重点词语的理解来更好地理解外公的语言、动作等，通过理解和领悟外公内心澎湃的思念祖国的情感。同时，在理解语言的过程中通过拓展赞梅的诗句和对具有梅花秉性的人的理解，来深化学生对课文情感的领悟。

3. 自主讨论，体会情感。

课文中几次写到"外公哭了"，要求学生找出相关的句子读一读，并在小组内谈谈自己的理解。这个环节的设计主要是让学生在自主讨论和交流中体会情感。然后通过对重点句子的朗读进一步加深理解。

4.想象情境，体会情感。

想象外公送我坐船回国的情景，欣赏歌曲《我的中国心》，在情景和歌声中让学生更好地领悟一位华侨老人的爱国情怀。

附：《梅花魂》教案

一、谈话激情

同学们，见过梅花吗？……对于梅花，你都知道些什么？……

师引：梅花在我们的生活中随处可见。古往今来，梅花总是以她的"凌寒而怒放，俏也不争春"让人们歌唱和赞颂。现在，让我们在《红梅赞》的歌声里，认识这"花中之王""花之君子"吧。

播放歌曲《红梅赞》。

二、理解课文

（一）把握脉络，体会情感

师引：三九严寒何所惧，千里冰霜脚下踩。这就是梅花！可是，梅花会有魂吗？梅花魂指的是什么？这节课，让我们用心品读一位华侨老人的爱梅情怀。

1.请同学们自由读课文，边读边思考，课文围绕梅花魂写了哪些事，从这些事中你体会到什么？

2.讨论：

（1）告诉你的同桌，我认为写了哪些事，从中我体会到了什么……

（2）（哪位同学认为你的同桌说得好，推荐他（她）说给大家听，其他同学可以补充。）指名说，教师边归纳边板书。

五件事：吟诗落泪　珍爱梅图　思国伤怀　赠墨梅图　送梅花绢

从中体会到：外公的　爱梅情　中国心

（二）品析句段，体会情感

师引：同学们之所以能体会得这么好，是因为大家用心读了课文。回到课文中，再一次快速默读并思考，从哪些重点句段能看出外公对梅花有一种特殊的情怀。把重点句段标出来。

四人小组中交流。

师引：从大家的交流中，我们有选择有重点地来讨论几个句段好不好？

1. 品析重点句 1

有生以来，我第一次听到他训斥我妈："孩子要管教好，这清白的梅花，是能玷污的吗？"训罢，便用保险刀片轻轻刮去污迹，又用细绸子慢慢抹净。

（1）这句话从几个方面来写外公的行为：语言、动作。

（2）先看外公说的话。A.谁读？要注意语气。B.能换一种说法吗？不改变原意。C.这里还有外公没直接说出来的意思吗？

（3）再看他是怎么做的：结合重点词语谈一谈？（刀片、轻轻、刮；细绸子、慢慢、抹）。总之，外公这样做的目的是：既要把脏手印刮去，又尽可能地不使墨梅图受到损坏。由此看出，外公对墨梅图分外爱惜。在书上画出这个词语，给分外换个词（格外、特别、非常）。

师引：外公家有那么多古玩，一幅墨梅图不就是抓个小手印吗，值得外公这样大发脾气吗？真搞不懂。……

可是多少年以后，现在，"我"懂了……（同桌讨论，"我"懂了什么……）

指名在全班说……

师小结：是啊，梅花在外公的心里，已经不单是一种花，更是一种品格，一种精神，是自己亲爱的祖国！

2. 品析重点句 2

师引：外公是那么珍爱这幅墨梅图，可是在我回国的前一天，他却把这幅画送给了我。

（1）指名读"赠墨梅图"一段。

（2）品析：

请看屏幕：

……莺儿，你要好好保存！这梅花，是我们中国最有名的花。旁的花，大抵是春暖才开花，她却不一样，愈是寒冷，愈是风欺雪压，花开得愈精神，愈秀气。她是最有品格、最有灵魂、最有骨气的！

①把画横线的词换个词语：旁：别；大抵：大都，大多；愈：越。换上词读出来。

②师引：自古以来，多少人赞颂梅花，也正是赞颂她这种品格。你能诵读这样的诗句吗？……

让教师来帮你吧：大家看屏幕：自由诵读诗句。要求读出"赞"的语气……

师小结：一句话，越是条件恶劣，她越是坚强不屈，这就是梅花的品格、梅花的灵魂、梅花的骨气。

③师：漫漫几千年中华史，我们中华民族出了许多有气节的人物，无数有名的、无名的，我们知道的和不知道的先烈和英雄，他们都拥有梅花的品格。推而广之，不管是八国联军入侵的铁蹄，还是日本帝国主义的烧杀抢夺，不管是南京路上血流成河，还是北京城里浓烟弥漫，不管是过去的战争时期，还是现在的和平年代，我们的民族，我们的国家从没有被困难和灾难压垮，而是在顽强地抗争，努力地发展，由贫穷到富裕，由弱小到强大。这就是梅花的秉性啊！这就是民族的魂！

④"莹儿，你要好好保存！"你觉得这句话的背后还有外公对莹儿怎样的期望？……

（这也是外公送我墨梅图的良苦用心！）

⑤齐读：让我们一起深情地读这段话，体会这位老人内心深处的情感。

学生齐读。

（三）自主讨论，体会情感

师引：整篇课文中，外公的爱梅情、中国心无处不在，你也许注意到了，课文中几次写到"外公哭了"，不管是悄然落泪，还是呜呜大哭，还是泪眼朦胧，都让我们在字里行间读懂了这位华侨老人的心。

1.出示。

自主讨论，体会情感。

课文中几次写到"外公哭了"，找出相关的句子读一读，并在小组内谈谈自己的理解。

2.四人小组讨论。

3.全班简单交流（完成：考考你、读一读）。

（四）想象情境，体会情感

师引：是啊，没有这种亲身经历的人是想不到的，外公虽然旅居海外那么多年，但他始终眷恋祖国，思念祖国。他没有忘记自己是中国人，有梅花的秉性，有一颗中国心！让我们把这首《我的中国心》送给这位可敬的老人。

播放歌曲《我的中国心》。

师引：歌声送给这位老人，也愿世界各地的华侨都有中国心！不忘梅花魂！

三、课后作业

写话练习：古往今来，由于历史原因，许多像外祖父一样的中华儿女流落他乡。他们虽然身穿洋装、说着异地的语言，但是他们的血管里流动着中国人的血，他们的胸中跳动着中国心。在祖国日益繁荣富强的今天，你最想告诉华侨什么呢？　把自己想说的写下来。

课后反思

对这节课我自己感到比较满意的几个方面：

第一，比较好地借用了多媒体教学手段对学生的课堂学习起到了拓展和渲染的作用。

因为这节课确定的教学目标就是品析语言，领悟情感。所以，所有教学环节都力求围绕这个目标展开。开始第一个环节引入歌曲《红梅赞》，优美的画面和歌声激起学生对梅花从情感上的喜爱。带着这种感情走进课文，从学生欣赏歌曲的眼神和表情中能够看出这个环节的设计是必要的。最后一个环节播放了歌曲《我的中国心》，学生一边想象外公送"我"上船回国的情景，一边听着歌曲，情不自禁地跟着唱起来。这个时候，学生能较好地感悟一位华侨老人的内心情怀。

此外，各种梅花图片的展示，让学生感到梅花在生活中随处可见；大量赞颂梅花诗词的诵读，让孩子的知识、情感和能力都得到了很好的拓展。

第二，课堂上学生互相之间的交流讨论力求实效。

提出的问题和要求让学生有言可发，有方法可循。学生在同桌讨论和四人小组讨论时，能够听到同学们积极地发言，互相之间都会有一些启发，较好地克服了小组讨论和同桌交流的形式化的问题。

第三，对语言的品析采用了各种不同的方法。

力求引导学生通过有感情地朗读课文来品析对重点句段，对重点词语采用换词法进行理解和品析，达到在语言环境中理解词语的目的。

不足之处在于学生对课文的朗读还不够充分，朗读的指导还不够全面。

我教《中国国际救援队，真棒！》

《中国国际救援队，真棒！》教前说课

【教材简析】

本文由一篇通讯改写而成，是一篇略读课文。写的是非洲国家阿尔及利亚发生地震，中国派出了救援队帮助救灾的事。

本单元前两篇课文都是写外国人帮助中国人的故事，本课是从另一个角度诠释"国际理解"的内涵，即中国积极地参与国际事务，尽力帮助其他国家。本课采用的是通讯报道的常用写法，按事物发展的时间顺序安排材料，叙述清楚，并有适当地议论。

【预设目标】

1. 知识目标。

（1）读准生字词，能正确、流利、有感情地朗读课文。

（2）在读重点段落、重点词句的过程中逐渐深入地体会中国国际救援队的"真棒"。

2. 能力目标。

师生共同搜集有关中国国际救援队的资料。通过资料搜集和交流，拓展延伸，提高学生的语文综合素养。

3. 情感目标。

通过本课的学习，读懂课文内容。了解我国发扬人道主义精神，对其他国家的帮助。

【预设流程说明】

本课预设流程有五个活动板块或五个环节组成。

导入课题以后，迅速进入第一个环节——交流亭里说一说。这一环节的主要任务是组织学生交流课前搜集的资料。设计这个环节的目的有 3 个：

1. 让学生在交流中分享并收获。

2. 为理解课文的内容奠定基础。

3. 引导学生对中国国际救援队有初步的认识并能够产生敬意。

之所以给出交流的提纲，是想给学生一个交流的范围要求，也引导学生有条理地思考问题和组织语言。当然，同时允许学生不按提纲自由地说，是想给有些思维活跃的孩子空间。

学生交流完所知信息之后，教师适时引导，你是怎么知道这些信息的呢？目的在于引导学生知道读书、看报、听广播、看电视、上网、与别人交流等，都是获取信息的好办法。这是对学生学习方法的指导。

学生交流之后，教师利用图片和叙述，带着学生进一步走近中国国际救援队，拉近学生与中国国际救援队的距离，促进学生对中国国际救援队更全面的了解和理解。

当学生的信息交流任务完成以后，引领学生走进第二个环节——字词街上逛一逛。这个环节的训练要求扎实，实实在在地落实字词训练。

对逛字词街提出要求：不仅要认识，正确地读出来，还要理解字词的含义。

字词一共有五组。

1. 外国国家名和地名，因为学生读起来比较绕口，容易出错，所以通过重点读加以强调。

2. 主要是为了让学生看到房倒屋塌以后，呈"叠饼状"的房屋是什么样的，通过展示图片给学生一个直观的形象。

3. 主要是训练读准字音，对个别词语通过"用词说话"来理解含义。

4. 需要重点理解的几个词语，主要是指导学生先理解词语中每一个字的意思，然后连字成词的含义。让学生通过这种训练学会一种理解词语的方法。

5. 多音字，指导学生在不同的语言环境中把多音字读正确。

字词训练结束以后，组织学生进入第三个环节——录音棚里试一试。安排这个环节的目的是训练学生把课文读正确、读流利、读出味道、读出感情。

1. 引导学生懂得，走进录音棚我们就是播音员了，意在给学生一种角色定位，提高读课文的要求。

2. 师生共同讨论怎么读，也就是共同给出读课文的要求。引导学生：课文是新闻通讯稿改写的，读这样的课文跟读诗歌、童话、故事……都不一样。应该读得正确、通顺、清晰，速度稍微快一点，口语化一点，有感情一点。

3. 学生试读。

4. 同桌合作读一遍，互相学习。

5. 全班一起读一遍，要求学生注意齐读时的合作与照应。

课文朗读的训练结束后，进入第四个环节——俱乐部里谈一谈。这个环节的任务是组织引导学生用谈话的方式简单理解课文。因为这是一篇略读课文，所以，要安排学生在教师或小伙伴的帮助下理解课文的内容，不必过多地讲解。

1. 出示要求。先画出重点句段，然后结合重点词句，谈一谈，为什么阿尔及利亚群众称赞"中国国际救援队，真棒！"。

温馨提示：可以用"因为……　所以……"的句式谈，也可以自由谈。

要求学生用上"因为……　所以……"的句式谈，是为了帮助学生更好地理解中国国际救援队的行动和阿尔及利亚群众的称赞之间的因果关系，同时训练学生有条理地用语言表达自己的所想。

2. 学生画出相关句段以后，要求先与同桌交流，目的既是分享，又先练习了自己的表达。

3. 同桌交流以后，学生有了一定的表达欲望，也有了相应的表达准备。这时候指名学生在全班交流，教师适时点拨。主要从行动迅速、不怕危险和困难、仔细搜救、不分负责范围等几个方面引导交流。

4. 当学生说道救出一名小男孩的时候，教师小结，引导想象拓展。出示：灾难面前，我们的队员懂得，抢救生命没有范围，没有界限，他们全力以赴救出了一名在废墟中挣扎了三天的男孩。这时候，被救的男孩用微弱的声音说……我们的队员高兴地说……围观的群众一边欢呼，一边泪流满面地说……

这项训练，一是为了更好地理解课文内容，二是进行语言表达的训练。

5. 拓展提升。为了把学生的目光从课内引向课外，给学生一个大的视野，让学生知道：中国国际救援队不但得到了阿尔及利亚群众的交口称赞，而且在世界各国和地区遇到灾难时，灾区都会有五星红旗在飘扬，都会有中国国际救援队的身影，到现在为止，他们已经参加了 6 次国际救援。

经过在俱乐部里的讨论、训练和总结、提升，基本完成任务以后，组织学生走进第五个环节——拓展营里做一做。设计这个环节的目的主要是引导学生升华情感、表达情感。

1. 明确任务。中国国际救援队圆满完成了救援任务载誉归来，我们要去机场接他们。除了献上一束束鲜花，我们还要给中国国际救援队的英雄们做祝福卡，把我们对他们的敬意、赞誉和祝福一并送给他们！

2. 引导学生在做中表达自己的情感。既可以通过卡片的形状，又可以通过卡片上的语言……

3. 展示祝福卡，让学生带着对中国国际救援队的赞誉和祝福结束本课的学习。

总之，整个教学设计力求实现以下 3 个教学意图：

第一，落实语言文字训练，力求体现语文教学的学科特点。

第二，以语文教学为载体，给学生一种语文学习的大视野、大境界。

第三，板块活动推进，调动学生主动参与，落实知识与能力、过程与方法、情感态度价值观的多元教学目标。

谢谢！

附：人教版小学语文三年级下册第28课《中国国际救援队，真棒!》教学设计

【教材简析】

本文由一篇通讯改写而成，是一篇略读课文。写的是非洲国家阿尔及利亚发生地震后，中国派出了救援队帮助救灾的事。

本单元前两篇课文都是写外国人帮助中国人的故事，本课是从另一个角度诠释"国际理解"的内涵，即中国积极地参与国际事务，尽力帮助其他国家。本课采用的是通讯报道的常用写法，按事物发展的时间顺序安排材料，叙述清楚，并有适当地议论。

【设计意图】

1. 扎实落实语言文字训练，力求体现语文教学的特点。

2. 以语文教学为载体，给学生一种语文学习的大视野、大境界。

3.板块活动推进，调动学生主动参与，落实知识与能力、过程与方法、情感态度价值观的多元教学目标。

【预设目标】

1.知识目标：

（1）读准生字词，能正确、流利、有感情地朗读课文。

（2）在读重点段落、重点词句的过程中逐渐深入地体会中国国际救援队的"真棒"。

2.能力目标：师生共同搜集有关中国国际救援队的资料，通过资料搜集和交流，拓展延伸，提高学生的语文综合素养。

3.情感目标：通过本课的学习，读懂课文内容，引导学生理解"国际理解"的内涵。了解我国发扬人道主义精神，对其他国家的帮助。

【预设流程】

导入：同学们，今天我们学习一篇新的课文，齐读课题——《中国国际救援队，真棒!》。

过渡：对中国国际救援队，你知道多少呢？你是怎么知道的？能不能按照下面的提纲到交流亭里说一说？

一、交流亭里说一说

课件出示：

1.为什么要成立中国国际救援队？什么时间成立的？

2.中国国际救援队由哪些人员来组成？

3.中国国际救援队自成立以来，参加了哪些救援工作？赢得了怎样的赞誉？

……

同桌两个人先交流，指名全班交流。

4.引导总结学习方法。

同学们说得真好！这些信息你们都是怎么知道的？（……对，读书，看报，与别人交流，听广播，上网等，都是学习的好办法。）

刚才同学们说得很好，老师也想带着大家更多地了解一下中国国际救援队。

5. 播放图片，配之解说。

过渡：认识了中国国际救援队的各位英雄，让我们走进课文，先到字词街上逛一逛。

二、字词街上逛一逛

1. 课件出示词语。

阿尔及利亚	布迈尔代斯
房倒屋塌	呈"叠饼状"

搜索犬	腐烂	臭气	协助
废墟	属于	范围	任务
纵横交错	闻名遐迩	交口称赞	

多音字……

2. 引导学生认读并理解，过程中掌握理解词语的多种方法。

过渡：逛完了字词街，让我们走进录音棚去试一试吧。

三、录音棚里试一试

走进录音棚，我们就是播音员。应该怎么读呢？

1. 讨论：这篇课文应该怎样读？

课文是新闻通讯稿改写的，读这样的课文跟读诗歌、童话、故事……都不一样。应该读得正确、通顺、清晰，速度稍微快一点，口语化一点，有感情一点。

2. 学生试读。

3. 同桌合作读一遍，互相学习。

4. 找两个同学来录音。

5. 齐读一遍，注意合作与照应。

过渡：录完音以后，我们还要去俱乐部里谈一谈。谈什么呢？怎么谈？

四、俱乐部里谈一谈

1. 课件出示本环节的要求。

先画出重点句段，然后结合重点词句，谈一谈，为什么阿尔及利亚群众称赞"中国国际救援队，真棒！"。

可以用"因为…… 所以……"的句式谈。

也可以自由谈……

（1）先画出重点句段。

（2）同桌交流。

（3）指名学生发言，老师适时点拨。

行动迅速——一下飞机，就——

一下车，就——

不怕困难，不怕牺牲，不怕劳累，……

仔细搜索

不分范围　虽然……但……

（4）教师小结，想象拓展。

课件出示：灾难面前，我们的队员懂得，抢救生命没有范围，没有界限。他们全力以赴救出了一名在废墟中挣扎了三天的男孩。这时候，被救的男孩用微弱的声音说……我们的队员高兴地说……围观的群众一边欢呼，一边泪流满面地说……

2. 拓展提升。

我们的中国国际救援队，不仅得到了阿尔及利亚群众的交口称赞，还在世界各国和地区遇到灾难时，灾区都会有五星红旗在飘扬，都会有中国国际救援队的身影，到现在为止，他们已经参加了 6 次国际救援，这是中国国际救援队去年在海地进行救援的情景。

播放片子：海地救援。

过渡：经过一段时间的日夜奋战，我们的中国国际救援队圆满完成了救援任务，载誉归来。让我们走进今天的拓展营里，看看给我们安排了什么任务。

五、拓展营里做一做

1. 课件出示。

中国国际救援队圆满完成了救援任务载誉归来，我们要去机场接他们。除了献上一束束鲜花，让我们给中国国际救援队的英雄们做祝福卡吧，把我们对他们的敬意、赞誉和祝福一并送给他们！

2. 学生做祝福卡。

3. 学生展示祝福卡。

课堂小结：回归课题，表达情感。

附：人教版小学语文三年级下册第28课《中国国际救援队，真棒！》教后反思

【教后小结】

本课按照预设的教学目标设计了五个教学环节。40分钟的课堂教学紧紧围绕这五个环节展开。课堂结构相对来说比较完整，预设目标基本达成。

课堂教学比较满意的方面：

1. 词语教学，学生学得比较扎实。

词语教学专门设计了一个环节进行。要求学生不仅要会读，还要理解词语的含义。从内容方面看，涉及了难读的外国国名和地名、四字词语、多音字等，通过小老师领读、齐读等方式达到了识记效果。词语理解方面，不仅让学生理解词语的含义，还要通过理解词语让学生掌握理解词语的多种方法。

2. 朗读教学，学生做得比较用心。

朗读教学给学生创设了一个角色情境，让学生走进录音棚，体会当播音员的感觉。这种角色定位让学生感到比较新鲜，也对学生提出了相对比较高的要求。因此，不管是自己试读、同桌合作还是全班齐读，学生都做得比较投入、比较用心。

3. 理解课文教学，学生谈得比较明白、比较条理。

课文理解环节，定位是"谈一谈"。建议学生用"因为……所以……"的句式先概括说出自己的理解，再结合事先画出的重点句段具体谈一谈。这样谈对学生来说没有太大的难度。因此，学生对行动迅速、不怕危险、仔细搜索、不分范围等要点都能够谈出来。同时，学生谈得还比较有条理。

不足的几个方面：

1.理解课文的环节，学生谈得还有些"粗线条"。如果在谈的过程中，教师适时引导学生结合重点词语比较细致地谈出自己的想法，也许会更好一些。

2.整个课堂教学过程中，尽管教师比较关注全体学生，尽可能地创设机会让每一位学生都参与，但是在一些集体讨论的环节，学生的参与度仍然比较低。

3.最后一个环节——拓展营里做一做。设计了一个做祝福卡的活动，学生做得很投入、很认真，但是因为时间紧张没有给学生单独展示和表达的机会，课堂结束显得非常仓促。

总之，整个课堂教学过程中还存在一些遗憾，需要自己在今后的教学中不断努力，不断进步。

谢谢！

优化课程结构　让语文教学舒展开来

当一群刚满 6 岁的孩子怀着对小学生活的无限向往和好奇走进学校，走进我的语文课堂，我作为他们的语文教师，将给他们一段怎样的关于语文学习的童年记忆？是带着他们从学习 a、o、e 开始，认字、读词、学课文、做训练、成绩检测……最后给他们一个不错的语文成绩；还是带着他们开始一段亲近母语的美丽之旅？

显然，我选择后者……

从孩子不喜欢语文课出发

孩子们开始上学的时候，是很喜欢语文课的。因为孩子们是伴着幼儿园的儿歌、童话和故事走进小学语文课。但是，当我们用小学阶段最多的周课时每天抱着一本语文书教孩子们学语文的时候，我们的孩子越来越不喜欢我们的语文课了。

语文课，你喜欢吗？

一年级：85.4%；二年级：74.2%；三年级：68%；四年级：64.5%；五年级：56.3%。

这样的结果，让我们这些每天都认认真真、辛辛苦苦、兢兢业业教语文的教师情何以堪？

直到今天，语文教学呈现出"百花齐放、百家争鸣"的局面。然而，我们望望众彩纷呈的"语文教学百花园"，非常兴奋，当要真正采撷一朵拿来用的时候，只能一声叹息……

问题出在哪里？

原来，我们把"学语文"当成了"学课文"。"语文"是课程，"课文"是教材，把"学教材"当成"学课程"的时候，就人为的把课程的内涵大大地"缩水"了。

我们怎么办呢？

必须找到一种基于语文课程本质、基于孩子发展、基于教师驾驭能力的语文教学常态。而这种教学，必须由课程的改变来支撑。

那么，如何让我们的语文课程走进孩子的心灵，让孩子们喜欢起来？变！是唯一的选择！

且从我开始！

课程校本化，让语文教学舒展开来

课程"校本化"背后为课程的丰富留足了空间。"校本化，我们理解为优化，是基于学校和学生实际的课程优化。"何为优化？"首先是课程体系的优化，其次是课程内容的优化。"

改变语文课程的结构，以单元主题课程为依托，把一个单元的课程进行整合，由原来的一课课松散教学，经过有效整合，变成四个模块的主题课程。其中包括课本学习、拓展阅读、表达运用和创新实践。课本学习是例子，学方法；丛文和整本书阅读是拓展；表达运用实现读写的结合；创新实践活动重在参与和经历，也是学生能力的展示。

具体的课型设计有：单元导读课—整体识字学词课—精品阅读课—以文带文课—读写联动课—群文阅读课—整本书阅读课—综合实践活动课等。

当然，随着语文课程结构的变化，随之变化的还有课程环境的支持、作业内容和形式的变化以及评价机制的相应支撑。

这种变化随之带来的是课堂、作业和评价激励的各种改变。课堂上的孩子们有了更多的主动参与，参与中看到了他们花儿一般的笑脸；一份份让人感动的课后作业中，能感觉到更多的孩子开始喜欢上语文……

结构决定品质，语文课程改革走向深度的思考和行动

语文基础课程得到优化以后，再思考语文课程领域中的拓展性课程，包括吟诵课程、读书节课程和各种语文社团课程等。拓展课程是在基础课程优化下的适当完善、补充，不是另起炉灶，而是有限延伸。

课程结构的优化，给语文教学带来了本质的变化。

第一，让孩子们觉得学语文很简单！课堂上，教师不再把一篇篇课文精雕细刻，不再把每一句话都挖地三尺，不再把每一个词语都挖得冒出火星。把语文搞得好像一般人学不了的东西，这样对学生太危险了。

第二，让孩子们在语文学习中爱上阅读！我们每一个学期八个单元，每一个学期课内阅读就可以完成60万～100万字，中、高年级一个学年能够完成约200万字。这样，把大量的阅读拿到了课内，保证了阅读能力的不断提升。阅读伴孩子走过童年，这是多么美妙的事情！

第三，让学生觉得学语文很好玩！各种不同的课型和不同的作业形式，还有别出心裁、变化多样的评价方式，让学生不觉得语文很枯燥，更多的时候觉得学语文很好玩。

总之，结构决定品质！"课程"让我的语文教学之路越走越宽；课程带给孩子们一段美丽的童年之旅……课程也让我的日常教学走向"安静"，走向"专业"，走向"深度的思考和行动"。仰望星空，脚踏实地，语文课程改革的路上，我陪着孩子们幸福前行……

研修工作坊：以教育的科学实施科学的教育

几年来，学校实行"研修工作坊"教研方式，力求使听、评课活动趋向有效，尝试以教育的科学实施科学的教育。

具体组织形式是以备课组和小学科教研组为单位，组织所有学科教师全员参加"研修工作坊"活动，即一个备课组或小学科教研组为一个研修团队。

一是确定一名年轻教师先自行备课、说课。要求教师对教材内容进行充分的解读，写出教材分析和说课稿以后，再根据自己对教材的理解确定第一稿课堂教学设计，即为"基于个人经验的教学设计"。

二是讲课教师研修组内模拟讲课，研修组内所有成员听课并评课，主要侧重目标确定是否准确，达成预期是否可行。讲课教师根据集体形成的修改意见修改后形成第二稿教学设计，即为"汇聚集体智慧的教学设计"。

三是第一次讲课，研修组内听课并评课。主要评价课堂教学目标的真实达成状况并寻找有效改进策略，讲课教师根据改进意见修改后形成第三稿教学设计。

四是第二次讲课，研修组内听课并评课，主要侧重改进状况如何。并分工实施"课堂观察"。首先确定观察样本，然后根据课堂教学的学科内容确定观察的重点，记录观察数据，进行数据分析和课堂效果评价。最后形成完整的课堂观察报告。

五是整理课堂教学实录，汇集所有研修过程所记录的完整过程资料。研修组内所有成员写出研修体会，讲课教师写出讲课心得。

通过研修工作坊工作地进行，力求让每一位教师经历一个完整的研修过程，让教师们在研修过程中学会用科学的方法思考课堂，思考教学。促进课堂教学更加有效。

附：观察主题：关注学生课堂参与度，提高语文教学效益

一、引言

学生的课堂参与度是课堂评价的一个重要指标。学生的参与度是指参与的人数、参与的时间、参与的态度、参与的效果等。

课堂教学中学生的主体地位主要是通过学生的参与度体现出来，学生参与教学中的数量、广度、深度是衡量主体地位发挥的重要标志。有专家指出："考察语文教学效率的标准之一，应该是学生积极主动参与的程度。在一堂课上，如果70%以上的学生以课堂小主人的姿态，积极主动地参与语文教学的全过程，这就可以说是一堂高效率的课。"

本次课堂观察以小学语文三年级《盘古开天地》为观察对象，观察教学开始后第16分钟至第38分钟（精读第四段，培养学生的想象和表达能力）教师的引导策略和学生的参与度状况。

二、研究方法

（一）观察样本

我们以小学语文三年级《盘古开天地》一课为观察样本，选取了其中的一个片段：从第16分钟到第38分钟。（这部分的主要教学内容是：精读课文第4自然段，展开想象，学会表达。）

（二）观察工具

我们运用自制的观察量表进行观察。分别从教师课堂行动走向覆盖广度、教师引导策略有效度、学生应答状态与质量、学生课前课后效果比较四个维度进行观察。

（三）记录方法

观察即时课堂，采用手工记录方式，记录教师在被观察时段内行为走向覆盖面、提出的问题及引导策略、学生应答情况和注意力集中情况，分别用不同的符号做出标记。以备对观察数据进行统计和分析。

三、观察结果与分析

（一）数据统计

1.教师课堂行为走向对学生的关注面记录表。表1中"V"标示教师教学时段中走到过。格中数字表示教师走过的次数。

表1　教师课堂行为走向对学生的关注面统计表

讲　台							
V2	V1		V1	V2		V2	V2
V1	V1		V4			V4	V1
	V4		V1	V1		V1	V1
	V1		V5	V2		V4	V2
	V4		V1	V3		V1	V2
	V2		V1	V1		V1	V2

2.表2是用来统计记录教师引导策略有效度、学生应答状态与质量和学生课堂注意力。

表2　学生课堂参与度统计表

内容 \ 观察内容		教师引导			学生应答状态			学生应答质量			学生注意力		
		高效	一般	低效	积极举手	主动回答	稍欠主动	优秀	一般	较差	集中	一般	不集中
1	听读第4段后，说说自己仿佛看到了什么，听到了什么。	V			33	6	1	6	1	0	30	3	2
2	让我们一起来想象，盘古的身体还发生了哪些变化？		V		28	4		2	2	0	27	5	3
3	以"手"为例，展开想象，引导学生辨析想象的合理性。	V			29	7	2	6	2	1	29	2	4
4	小组合作，展开想象，说几句话。然后全班交流。	V			35	12		9	2	1	25	5	5
5	结合想象交流，在作业纸上完成写一段话的练习，并全班交流。	V			35	5	1	4	2	0	32	1	2

3. 表3是用来统计课堂前测和后测效果的，其中从5个层次进行了统计。

测试内容：展开想象用下列句式写一段话。

他的_____变成了_____ 的_____，他的_____变成了_____ 的_____，他的_____变成了_____的_____……

表3　学生学习效益课前课后对照表

测试时间＼内容	想象丰富合理表达完整具体	想象基本合理表达基本符合要求	想象牵强表达不完整	抄写原句	一字未写
课前测试	0	2	17	15	1
课后测试	30	2	3	0	0

（二）分析

1. 在22分钟的教学过程中，从教师的行为走向对学生的覆盖广度看，全班35位学生覆盖到了31个，占全体学生总数的89%。但是对每一位学生的关注频率不够均匀，有的学生关注了5次，有的学生只有1次，还有4位学生没有被教师关注到。

2. 观察时段内，教师共提出主要问题5个，从学生应答问题的状态来看，学生主动举手率在91%以上，从举手率看，学生参与度相对比较高，为提高课堂教学效益奠定了好的基础。

3. 观察时段内，教师提出的5个问题，教师指名回答的学生共有34人，从回答质量观察，优秀率占79%，由此看出，学生在回答问题的过程中投入了相对大的思考力，学生课堂参与的深度和质量相对比较高。

4. 观察时段内，我们对学生的注意力集中情况进行了观察。其中，出现精力不集中人数平均每个问题时段内3个人，注意度达到90%。这说明绝大多数学生保持了非常好的注意度。从这个方面看出学生的课堂参与度比较高。

5. 从教师的引导策略方面观察，教师在教学时段内处理问题的过程中，都力求通过支架式引导策略，让学生一步一步完成理解、运用和表达。引导有效率达到90%。

6. 从学生课前课后测试对照表反映的数据看，观察时段内课堂教学是有效甚至可以说是高效的。

四、讨论

本次课堂观察更多的是从观察时段内师生所表现出来的显性因素来观察、记录和统计分析的。这样的分析恐怕还是比较粗线条的。其实，学生在课堂上参与学习，有显性和隐性两种不同的方式。显性的如举手发言，朗读讨论；隐性的如倾听、思考、默读等。我们教师一般比较关注发言积极的学生。其实，在学生学习的各种角色中，我们更要关爱"倾听者"，毕竟课堂上更多的是在聆听的学生。这犹如一座冰山，学生显性的学习方式只是露出水面上的那一块，水下面庞大的冰体则是学生隐性的学习方式——"听"与"思"。如何从更多的纬度，获得更准确而科学的数据，做好更深度的课堂观察和分析研究，是我们应该思考的问题。

从观察数据来看，学生精力不集中多集中在小组讨论阶段。因此，我们必须思考，如何有效组织小组讨论，才能保证学生的课堂参与度。其中包括小组讨论选择的问题、小组讨论的组织（小组长的任命，小组成员的分工）、小组讨论的实施过程调控等，这些问题都会影响小组讨论时学生的参与度。同时，从观察数据看，精力不集中的学生布局有集中点，这说明，学生在课堂上做小动作，偏离教师的讲课思路现象是会相互影响的。究其原因，一是学生本身的问题，他们容易精力不集中；二是小组讨论时组织不利，致使小组人员集体精力不集中。

第八编　交流，与更多的人一起成长

由课例谈课堂教学要用心

很多人都期待成功，却很少有人真正关注自己的成长，其实，生命本来就是一个成长的过程，每一天，我们都走在成长的路上。朱永新教授谈"读书与教师成长"时说，教师首先是一个人，他有自己的喜怒哀乐，有自己的油盐酱醋，他必须做好一个人，争取做一个大写的人，一个能够影响学生健康发展的人，一个永远让学生记住并学习的人。生命最本质的存在方式在于创造。每天，我们在传承人类文明的同时，也应创造自己丰富多彩的精神生活，找回健康、快乐的心灵。享受教育，演活教师的角色。

课例 1　《美丽的公鸡》——教师要准确理解和把握教材

《美丽的公鸡》不仅以道德教育为正本，还以道德教育作为全部创作的出发点和唯一目的。这是一篇典型的主题先行的概念化的作品。作品中没有温暖的同情，只有冷冷的教训，我们可以回想啄木鸟、蜜蜂、青蛙的态度，尽管它们在文中都是道德的美好化身，但是没有给人留下好感。整个作品没有很好地透出作者灵动的想象，只有僵硬的观念。

《去年的树》是日本儿童作家新美南吉的作品。作品无意对任何人进行道德教育，对友情的渴望，对人与人之间心灵的沟通的渴望，是作者表现出来的强烈精神需求。他把自己的愿望变成故事，读者通过阅读这个故事，会和作品产生共鸣，产生与作者相同或相似的愿望，在这个故事里，虽然道德教育既不是出发点又不是目的，但是在结果上收到了实实在在的效益。

对儿童文学作品的把握肯定是我们处理教材的一个背景基础，有了这样一个背景储备处理教材也就站到了不同的高度。

课例 2　《秋天的怀念》——学生也要有背景的储备

《秋天的怀念》是残疾人作家史铁生的作品。我教过好几遍。开始对课文以外的内容涉及的并不多。只是简单介绍作者和背景，在介绍背景时我还引入了大段的旁白，然后开始按套路学课文。应该说学生基本能掌握课文的内容，但是对于这位残疾作家当时的心境，母亲对这个失去双腿的残疾孩子的那种小心谨慎的别样的爱，母亲当时得了癌症晚期还强忍悲痛照顾这个一度不想活了的孩子的那种情感，都不能很好地理解。以至于我读到"我们娘俩一定要好好活，好好活"这个句子时眼里都噙着泪了，还会有很多学生笑，而且窃窃私语，看，老师哭了。我使劲瞪他们一眼，学生依然表情茫然。我知道，这秋天的怀念是"怀念"不起来。我知道又是一节失败的课！当然后来我做了一些补救，但是离我心中要达到的程度相差很多。后来，我很失败地在教学日记中记下了这个片段。

再一遍教《秋天的怀念》，我先重读了《我与地坛》，又推荐学生读，读了以后再交流，教学时明显感觉就没有那么吃力了。文中的很多重点句子我故意说不懂，学生抢着讲给我听。再一次用心读"我们娘俩一定要好好活，好好活"这个句子时，教室里静静地，一点声音都没有。我想，我终于成功了。依然是在教学日记中，我写下了两句话：教师的情感储备和感情渲染不能代替学生的阅读体验。走进《秋天的怀念》，"怀念"之情才能油然而生，水到渠成。

我在教学《荔枝》这篇课文时，又提到了《秋天的怀念》。我对学生说："两篇文章中的母亲都已经长眠于地下，作为他们儿子的肖复兴和史铁生，他们在母亲的墓前，分别会说什么呢？"孩子们的讨论让我感到十分欣慰。他们已经感悟到：同样是怀念母亲的文章，却是两种不同的怀念。"而今，荔枝依旧年年红"，到处都是幸福，是平实的爱。"秋天的怀念"，则充满了深深的懊悔。

课例3 《一夜的工作》——想一个不一样的设计

教学《一夜的工作》，这是一篇很浅显的小短文。就是讲第一次文代会以后，作家何其方去总理办公室陪着审阅文件，看到总理工作劳苦，生活简朴。然后有感而发，周总理真是人民的好总理。最近几年教了三遍。第一遍按工作劳苦、生活简朴两个方面，常规讲法，抓住大量的数量词语，比较、分析、朗读、背诵。辅助资料配上了总理一日工作的时间表。第二遍是看了顾松棠老师的一篇文章，按照"一进总理办公室看到的、想到的，二进总理办公室看到的、听到的、想到的，回来的路上的感想"这样的路子来讲，配上了总理生前工作的很多图片以及长安街上送总理的录像。新颖了一些，但依然没走出课文。

去年，我讲这篇课文的时候，换了一种讲法。于是我课前先留了一个作业：周总理，是（　）的总理。填上空，要说出理由。上课第一步，我先引入了《百年恩来》的片段，认识周总理。第二步，对《一夜的工作》我提出问题：在回来的路上，作者为什么有这么强烈的感想？借此理解工作劳苦，生活简朴。进一步讨论怎么两段感想还用了"新中国"和"中华人民共和国"不同的说法？第三步，你心中的总理是个怎样的总理呢？学生给出了十七种答案。如：鞠躬尽瘁死而后已，一心为了人民，日理万机，外交智慧过人，带病坚持工作，虽然去世了但是还活在人民心中，全国人民爱戴的，和老百姓心连心，很有毅力。第四步，颂总理。我们一起朗诵了柯岩的诗《周总理，你在哪里》。最后，有位学生说："老师，我还想朗诵一首诗。"于是，我们的课就在臧克家的《有的人》朗诵声中结束了。

课例4 《梅花魂》——教会学生品和悟

教学《梅花魂》，《梅花魂》是一篇老课文。课文就讲了五件事：吟诗落泪、珍爱梅图、思国伤怀、赠墨梅图、送梅花绢，表达了一位华侨老人的爱梅情、中国心……

这篇课文，如果依据这五件事的脉络来学，很容易浮于表面。因为，对孩子来讲很难够得着这种感觉，更谈不上有所体会。这样，就需要老师很好地利用文本或者文本的留白处。不妨借鉴《朋友》的学法，抓住重点句段，深下去，展开来，情况就好一些。于是，我做了这样的尝试。

如：……有生以来，我第一次听到他训斥我妈："孩子要管教好，这清白的梅花，是能玷污的吗？"训罢，便用保险刀片轻轻刮去污迹，又用细绸子慢慢抹净。

从语言到动作，通过刀片、轻轻、刮；细绸子、慢慢、抹。让学生理解外公这样做的目的是：既要把脏手印弄去，又尽可能地不使画受到损坏。

再如，……莺儿，你要好好保存！这梅花，是我们中国最有名的花。旁的花，大多是春暖才开花。她却不一样，愈是寒冷，愈是风欺雪压，花开得愈精神，愈秀气。

利用了课文的留白，设计"你觉得这句话的背后还有外公对莺儿要说的话吗？"，学生在思考和讨论中深刻领悟。

课的结束，我们把一首张明敏的《中国心》送给这位可敬的老人。从静听音乐的眼神中，我觉得孩子慢慢走近了那位华侨老人的心。

综合课例 5　《祝福》

分析教材：

1.情感储备：《祝福》是《彷徨》的第一篇，写于 1924 年。这是鲁迅在中国革命低潮时期，于苦闷的彷徨中荷载战斗，在孤寂的呐喊中探索前进而创作的一篇思想内涵深沉博大、艺术形式已臻完美的传世名作。

题目是"祝福"，而写的主要内容是祥林嫂的悲惨遭遇，实际上是拿富人的"福"和穷人的"苦"相对照，并揭示两者之间的内在联系；"祝福"又贯穿全篇，起到线索的作用。它在突出主题的同时，又使文章结构严谨。

《祝福》成功地塑造了祥林嫂这一典型形象。祥林嫂是一个安分耐劳、勤快善良的农村劳动妇女。但是，由于她没有经济地位，又毫无自主权，生活在旧中国社会的最底层，那个社会以"礼教"和"迷信"两把刀子，迫使她既不能不守节，又不容许守节，还要她承担不守节的罪名而受尽侮辱与损害。祥林嫂没有从周围任何人那里得到真正的关注、同情与帮助，得到的是轻蔑、厌恶和冷漠、嘲笑，最终成为那个时代的牺牲品。可以说，祥林嫂的悲剧是时代的悲剧。小说正是通过对祥林嫂的不幸遭遇及其周围人物和环境的艺术描写，深刻地揭露了封建礼教对广大群众，特别是劳动妇女的精神摧残，揭示了旧中国劳动妇女悲惨命运的社会根源。

2.走进教材：根据教学目标，这课的重点字词句有哪些需要理解，文章脉络的主线怎么走的，语言表达方面的特点是什么，哪里需要进行朗读的训练，哪里更适合讨论，必须完成哪些训练，还可以拓展哪些训练……

我需要采用"读和讨论"相结合的方法，为什么不要以读为主的方法呢？

想到《桂林山水》。

形成步骤和策略，①读出感受（用一个词语概括出自己的感受）；②讨论祥林嫂的悲剧命运，谁杀了祥林嫂（起诉书）；③让文本走进现实。

搜集教学资源：相关的字、图片、视频等有没有，有哪些？怎么用？需要学生做的储备是什么……

形成教学方案，几个环节：

读出感受：上课开始，教师就很平和地让学生谈读完《祝福》以后的感受，学生开始纷纷发言。李老师就势提出一个要求：先用一个词语概括说出自己的感受，再结合具体的词句具体说。杨晓梅读出的是愤怒；张长春读出的是沉重；汪洋读出的是悲哀；裴丹读出的是控诉；魏铭江读出的是虚伪；李文思读出的是不幸；王楠楠读出的是惆怅；王卓读出的是孤独；苏畅读出的是批判……同学们根据课文内容和自己的理解谈得有理有据，教师则不断地在引导，在欣赏。

起诉元凶：当同学们对作品的理解和分析统一到"祥林嫂是被逼死的"的时候，李老师不失时机地抛出了要求：建议同学们最好以起诉书的形式，起诉逼死祥林嫂的元凶。

赵瑞雪第一个发言，她起诉的是祥林嫂的婆婆。只见她站起来大声念道："尊敬的审判长，作为死者祥林嫂的辩护人，我将在此向您申明，杀死祥林嫂的真正凶手，正是她前任丈夫之母。之所以这样说，我是有理由的……"在赵瑞雪陈述完理由以后，又有很多同学宣读了他们的起诉书。他们分别起诉了文中的"我"、四婶、四叔、柳妈、卫老婆子……在同学们起诉得热火朝天的时候，李老师适时引导他们"过失杀人"还是"故意杀人"的问题，很自然地引出了"封建礼教杀人"这一主题。在课堂上可以看出，每一位学生的发言都蕴涵着他们的思考和见解，没有盲从和人云亦云，也没有浅层次地回答"是"或"不是"，"同意"或"不同意"。同学们的交流真正产生了观点上的交锋，同时产生了情感上的互动。这才是学生积极参与的课堂。

点击现实：《祝福》的主题就是"封建礼教杀人"。然而，当同学们在讨论中对这一主题理解到最佳效果之后，李老师的课堂并没就此为止，而是又把这种讨论巧妙地引向了现实。这就是他承上启下的那段引子："礼教的实质，就是用道德以及这道德所产生的舆论来压抑人，把人变成非人。在封建礼教下，人失落了！而实际上我们最终追求的是人的解放，是要做一个人，做一个精神上独立自由的人！那么，旧的礼教破灭后，又出现了哪些新的礼教呢？"……又是一石激起千层浪，同学们再一次陷入了深深的思考，课堂讨论也从小说转向现实世界，课堂教学由学科和文本世界转向现实生活世界。同学们的思想在不断地思考再思考，深刻再深刻。最后，同学们在理解和讨论中水到渠成地达成了共识：其实新礼教和旧礼教没有什么区别，都是人的失落，人的权利的失落，人的自由的失落！破除礼教就是人不为礼教而活，不为别人的脸色而活，不为舆论压力而活！至此，《祝福》的教学，在我看来近乎达到了一种完美的境界。

思考：作为复习课，怎么备课《祝福》呢？

首先需要明白的是：课程结束，走到复习的环节，教师应该教会学生从教材中站出来。复习课的核心有三点：复习巩固、总结建构、拓展延伸。教师领着学生完全是在机械地重复，我觉得这种重复太浪费时间和精力了，而且学生在复习的过程中没有任何的发展。如果要复习你可以这样来设计：复习巩固走进课文；总结建构就该把课文放进单元来理解，为什么这篇课文要放进这个单元来学，作者的编排意图是什么？从内容到表达再到语文能力的训练要把握单元的训练意图；拓展延伸，一种方法可以在同作者的作品上延伸，另一种也可以在不同作者的作品中鉴赏……大家可以想，这样的复习课上下来，你还怕学生的语文能力没有发展？还怕他学不好语文吗？

信息技术与课堂教学整合的实践与探索

信息技术与课堂教学整合的目的在于通过这种有效的整合，建构出一种理想的学习环境，这种环境可以支持真实的情境创设、不受时空限制的资源共享、快速灵活的信息获取、丰富多样的交互方式、打破地区界限的协作交流以及有利于培养学生创造性的自主发现和自主探索，以期改变课堂教学结构，建立一种能充分体现学生主体作用的全新学习方式，培养学生的创新精神和实践能力。

信息技术与教师备课过程的整合

要从真正意义上实施信息技术与课程整合，必须有教学平台支持。教育教学实践告诉我们，真正贴近教育教学实际的应用平台，必须由真正懂教育规律的教育专家提供开发创意，专业技术开发人员提供技术保障，一线教师的课堂教学使用提供实践依据。走"专家—专业技术人员——一线教师"合作开发的路子开发的教学平台，正被广大教师在教学中广泛应用。

1. 应用教学平台进行教学设计。

教学设计是教师备课的关键环节。信息技术与课程整合，必须从教师进行教学设计开始。综观多年的教师备课，虽历经一次又一次的教学改革，直到今天，绝大多数教师的备课依然是抄写线性教案。所谓的"电脑备课"很大程度上只是一次"换笔"行为。这种备课模式，使教师大量的时间和精力用来做机械的低效劳动。整个备课过程中，教师很少有时间和精力去查询资料，研究教法，准备教具，以提高课堂教学的效益，使教师的备课过程陷入了恶性循环。

教学设计就是对教学过程进行有目的的总体规划。教学平台环境下的教学设计分这样几个步骤：教师打开教学平台—进入教案设计模板—确定课时教学的目标、分析教学重点和难点的突破策略、确定需要的教学媒体、课堂教学的内容与方法—课堂教学—课后作业—生成文本教案。从表面上看，这个过程与传统的备课没有多少区别，实际上，传统备课的这个过程已经完成了备课过程，课堂上就按这种线性的思路去完成教学任务。网络环境下的备课只完成了备课的第一步，也就是只完成了教学过程的思路和教学策略框架的设计。

2.应用教学平台整合教学资源。

众所周知，建构主义的教学设计分两个部分：一部分是教学策略的设计；另一部分是学生学习环境的设计。环境的设计是要求教师能设计出一种有利于学生自主建构知识的良好环境，让学生有身临其境的感觉，产生与作者之间的心灵沟通。这就是整合教学资源的过程。这个过程需要教师搜寻、选择、整理相关的文字、图片、视频资料，并根据教学的需要利用教学平台制作课堂播放文件。这些教学资源大部分是从教学平台的资源库中搜索，还有的是教师自己加工合成的。比如教学《月光曲》一课，就要把《月光曲》的图片资料、音频资料、与《月光曲》相匹配的视频资料、课堂练习的文字资料以及主人公贝多芬的相关资料，只要是课堂教学中需要的，都通过教学平台的制作，整合到一个播放平台上，以备在课堂教学中适时播放。

3.应用教学平台优化教学方案。

实际上，资源整合的过程，也是对教学策略的再思考和对课堂结构的再设计过程。优化教学方案主要是在既定教学策略和资源整合的基础上，更好地确定在合作学习、研究性学习的组织和指导过程中，需要教师在什么时候，以什么方式提供哪些资源，创设哪些情境，给予哪些指导等。在这个过程中，既可以对原有教学设计进行再调整、再整合，又可以对课堂播放文件进行内容上的增删和播放顺序上的调整。教师在备课过程中整合的课时教学资源，全部根据资源类型制作成课堂播放文件保存，课堂教学中，教师根据教学需要适时选取、播放，通过相关资源的呈现，以突破教学难点，拓展学生视野，从而达到优化课堂教学结构、提高教学质量的目的。

信息技术与课堂教学整合的几种模式

1.普通教室环境中的播放式教学。

这种教学模式的基本组织形式是：发现问题、呈现资源、多向互动、动态生成。这种教学模式，从发现问题到呈现资源创造学习和思考情境再到多向互动让学生主动参与，其目的就是通过"问题、情境、互动"，使学生联系自己的经验、体验以及已获取的信息等进行交流，实现课堂教学过程中的资源生成。这种资源生成既可以生成解决问题的答案或方案，又可以生成与教学内容相关的新的问题。对课堂生成的方案性资源，教师负责汇集、梳理、引导、组织学生进行讨论、比较、评价，然后形成认识。对生成的问题性资源要再组织一个动态生成过程。这样的课堂才是被教师的智慧激活的课堂，才可以说是有生命力的课堂。这种模式也称之为"呈现式"辅助教学模式。"三机一线"进课堂，特别是教学背投电视为实施这种教学准备了良好的条件，教师在课堂教学中适时播放有关的文字、声音、图片、动画、视频等，实施个性教学。这种教学模式可以高效地实施多媒体辅助课堂教学。在目前的条件下，这是提高课堂教学效率和质量的最有效模式。其缺点是交互性不强，反馈性能差，很难实现真正意义上的因材施教和个性学习。

2.网络教室环境中的交互式教学。

把课堂教学置于网络教室环境中，根据教学目标，教师把教学内容以网页的形式呈现给学生，让学生带着学习任务，在教师的启发引导下，通过自主探究和生生间、师生间的相互合作，完成学习任务。与前者相比，这种教学模式较好地实现了几种转变：①教师角色的变化，教师由知识传授者变成了学生学习资源的整合者和呈现者；②教学方式的变化，教学过程由单向灌输为主变为双向互动为主，由单纯的共性教学变为共性教学与个性教学相结合；③资源呈现方式的变化，由单纯的播放式呈现变为播放、评价、讨论、信息发布等多种方式。

3.网站环境下任务驱动式的自主式学习。

自主式学习主要是对课堂学习内容的巩固、拓展、延伸、拔高、创造和综合。让学生在任务的驱动下，通过专业学习网站自主学习。但是这种学习不是放羊式的，而是放风筝式的。也就是学生在这个课题的学习过程中，不论周期长短，始终要有教师的有目的的指导。比如学习了《圆明园的毁灭》一课，可以让学生带着以下研究的标题去网上查询。圆明园的历史、圆明园是万园之园、圆明园是博物馆、圆明园是艺术馆、圆明园为什么会被毁灭、圆明园该不该重修等，写一篇关于圆明园的调查报告，让学生在完成这个学习任务的过程中学会利用网络自主学习。

　　以上三种教学模式在教学过程中是并存互补的，教师感觉用哪一种方式效果最好，就选用哪一种教学模式。三种教学模式的有效实施，较好地实现了网络环境下新型教学模式的构建，赋予课堂教学一种全新的结构和内涵，有效地提高了课堂教学效率。

对小学语文教学的审视与思考

今天，很高兴能有这样一个机会和高青的教师们一起聊一聊我们的小学语文教学。

今天我要谈的都是我个人在多年的小学语文教学实践中的思考、实践和探索，也有一些我在外出学习过程中获取的信息，还有的是我的一些体会和感受，可能有正确的一面，也可能有些偏颇。只是和大家一起交流，所以，不论对与错，希望我们的交流能给教师们一些有益的影响。

今天，根据时间计划讲2～3个小专题：①对小学语文教学的审视与思考；②让课堂充满生命的气息；③网络环境下几种教学模式的探索。

既然天天从事着语文教学，对所教学科的特点、变化、环境影响及发展脉络，总要有一些自己的认识、思考和理解。从素质教育的提出和实施到新课程改革的启动，不管是语文教学还是其他各学科教学，过程中都出现过很多偏颇，甚至滑向一些误区，这是改革过程中的必然，但从面上讲，应该说学科教学有了很大的进步和发展，这主要表现在以下几个方面：

一是从学科性质的角度，开始逐步靠近学科教学的本质。（如语文教学更体现人文性与工具性的统一，注重学生语文素养的培养；数学则更加靠近生活数学；艺术降低了技能技巧层面的要求，更多的注重艺术欣赏和艺术修养，综合学科更是如此……）

二是从学习方式的角度，开始关注学生学习方式的转变。（更加强调主动参与而不是被动接受。）

三是从以人为本的角度，开始关注学生在学习过程中的地位。

四是从教学价值的角度，开始关注学生的情感、态度和价值观。（要让学生积极地学，愿意学。）

但是，我们看到：学科教学的改革到现在为止，这些进步很多还是停留在理论和活动的层面，没有很好地落实到我们多数教师的多数课堂教学中。虽然在点上做了一些探索，但是总的来看，面上没有很深的实质性的突破。

不妨对语文教学做一个简单的回忆和思考。

1. 20 世纪 70 年代中后期到 80 年代末的语文教学。

从恢复高考一直到 80 年代末，整个国家的教育重心在普九和扫盲，学科领域的教学研究和改革没有国家层面的研究支撑，学科教学中，师生的唯一价值追求就是升学率。尽管邓小平在 1983 年就提出了"三个面向"，但是，当时并没有人读懂这三个面向，更谈不上实施。所以，很长一个时期的语文教学基本上是以教师为中心的讲析，框架几乎形成一种公式：简介课文的作者、读熟课文内容、分段、概括段落大意、总结中心思想、解决课后问题。所有内容都在教材和参考书的范围之内。有人把这种语文教学叫做"肢解式""大卸八块式""烹金鱼式""煮仙鹤式"……因为我们是接受着这样的语文教学走过来，没有思考它的利与弊，因此，在我们走上讲台的时候，依然以同样的模式克隆着我们的学生，直到 80 年代末。当然，从另一个角度讲，这个时期的语文教学是最简单的，语文教师也最好当，课堂教学价值的评价还局限在普通话标准不标准，粉笔字漂亮不漂亮，课堂设计完整不完整，课堂是否达到一定的容量……语文教师对语文教学的本质并没有多少思考，只是完成知识传授而已。然而，种瓜得瓜，种豆得豆，多年以后，这种语文教学的弊端开始大面积地显现，大学生的高分低能现象越来越明显。这时候，社会经济形式发生了大变革，国家对创造性和创新型人才急需，社会上在对应试教育进行抨击的同时，对语文教学发起了一场前所未有的批判。其中出手最狠的当属著名学者洪禹平老先生写的一篇文章《语文教学误尽苍生》。这篇文章在国内权威学术刊物上的发表，在当时的国内语文教育界几乎引起了一场大地震。语文教师开始思考：原来我们的语文教学有那么多的不足！原来，我们的语文教学还有更多的价值追求！

2. 20 世纪 90 年代初期到课改之前的语文教学。

在这场批判还如火如荼，没有落下帷幕的时候，素质教育开始酝酿并提出。素质教育的提出是 90 年代的事。我们知道：素质教育的提出不是心血来潮，有历史背景，是经历了一个过程的。当应试教育走上极端时，表现出它"兽性"的一面，即以应试为目的，严重摧残了人的身心健康，甚至牺牲了孩子的生命和家庭的幸福。在这种情况下，作为应试教育对立面的素质教育就隆重推出了。素质教育的核心思想是教育以促进人的发展为目的，直到后来素质教育的表述已进入官方文件，成为当前中国所有学校的办学指导思想。于是，我们把学科教学的改革寄托于轰轰烈烈的素质教育。曾经，我们天真地认为：教育的春天就要来到了，中国的教育也会同中国的经济一样有一个跨越式的发展。但是，现在看来，素质教育的提出本身就遇到了很大的阻力，尽管 1993 年 2 月 13 日，以国家文件《中国教育改革和发展纲要》的形式明确提出素质教育，尽管 1994 年第二次全教会上形成国家决策，但仍然走得跌跌撞撞，走得很艰难。在经过了素质教育"强化课外，弱化课内"的误区阶段以后，教育界开始醒悟并意识到"素质教育的主阵地在课堂上"，这前前后后，语文教学出现了两个现象：①语文教学要担负弘扬民族文化的重任，要从娃娃抓起，这就出现了背诵古诗词、《三字经》《百家姓》《论语》《千字文》的热潮；②从语文学科性质的角度，提出了加强语言文字的训练，培养学生语文素养。于是，出现了语文教学的"来回趟"教学的说法。来就是理解内容，知道课文写了什么；回就是感悟表达，知道怎么写的。我个人认为："来回趟"的说法准确与否暂且不说，但这个时期的语文课堂的确在思考语文教学的实质，在加强语言文字的训练，曾经让我们思考对语言文字的品味和鉴赏，这无疑是正确的。但是，"来回趟"的教学需要教师有相当的把握教材和处理教材的能力，特别是"回"的趟，教师往往走向机械地分析。比如：为什么这样写？为什么用这个词而不用那个词？所以，在课堂上体现得最多的依然是教师地讲。学生的主体参与度并没有因此而改变很多。

3. 新课程改革以来的语文教学。

正当教师对"来回趟"的教学开始思考和逐步实践的时候，新课程改革开始。实际上，新课改承载着实施素质教育的重任，国家课程改革的意图就是通过新课改实施素质教育。新课改要求：以学生为主体，倡导自主、合作、探究的学习方式；培养学生的创新精神和创造能力；关注学生的情感、态度和价值观等。在这种大课改的背景下，要体现"以学生为主体"，教师在课堂上作为知识拥有者的角色被打破。于是，又出现了很多关于课堂主体地位的讨论，甚至有专家提出课堂上"学生是主人，教师是仆人"这种荒谬的论调。于是"来回趟"教学悄然淡出，一种新的提法"以读为本"，教师在课堂上无论如何不敢讲了，害怕抢了学生的主体地位。也曾经形成一种模式：一读读准字音，二读读通句子，三读读懂课文。我们说，新课改作为国家工程、政府工程，是教育发展的必然。我们要积极实践，妄加评论不该是我们一线教师应有的态度。但我认为：用"以读为本"来落实语文教学的课改意图未免太单薄、太简单，它承载不了这个重任。况且，并不是所有的内容都适合"以读为本"。

依托网络环境，构建生命课堂
——网络环境下小学语文自主学习例谈

小学生在网络环境下的自主学习就是教师把课堂教学的过程置于网络环境中，教师的教学设计以"学案"的形式呈现给学生，创设学生自主学习的环境，提供自主学习的机会，教师在学生的学习过程中给予方法上的指导，使学生的自主学习有条不紊、高质高效地展开，有效地运用网络优势完成课堂学习任务。

教学模式课例

经过多次的课堂教学实验和探索，以任务驱动为手段，构建了"明确任务—方法导航—自主学习—互相协作—网上测评—佳作欣赏"的网络环境下小学语文自主学习课堂教学模式。

下面以《参观人民大会堂》为例，简要说明这种教学模式的具体操作方法。

1. 创设情景，明确任务。

使学生的学习能与现实情况基本一致或相类似，需要创设与当前学习主题相关的、尽可能真实的学习情景，引导学生带着真实的任务进入学习情景。学生点击课题进入《参观人民大会堂》这一课的学案界面。友好的界面出现了学习任务、课文学习、相关资料、协作平台、作业展示五个菜单。学生选择"学习任务"进入，屏幕显示"学习任务"为："小朋友：香港小伙伴旅游团要举行"人民大会堂"网上行活动，可是小导游突然生病了，你能替他来完成这个任务吗？相信自己，你一定能行！"这样，同学们一方面很明确今天的学习任务，另一方面对完成这项任务充满了兴趣，带着真实的学习任务进入学习状态。

2. 教师导航，掌握方法。

学生接受这个学习任务以后，心情很兴奋，处于一种积极的学习状态。但是，怎样完成这个任务呢？需要教师导航，在师生的共同讨论中，给予学生学习方法上的指导。方法指导是导航，是指点学习的方向，要从多个方面进行。

在这一课的"方法导航"中，经过讨论确定从三个侧面进行指导：①"最佳导游对你说"，这里侧重对导游的素质提出了一些要求，让学生对"什么样的导游才是最佳导游"这个问题清楚明了。②"人民大会堂对你说"，从"人民大会堂"这座宏伟建筑的角度告诉学生：我是人民大会堂，你要当好今天的导游员，必须知道关于"我"的哪些知识，还要知道发生在我身上的哪些故事。③"学习小博士对你说"，这是从怎样学习的角度指导学生，你要做好导游，要出色完成这项任务，建议你怎样去学习这一篇课文，怎样去查询相关的资料，怎样去获取与人民大会堂相关的更多的资料。这样，学生明确了任务，又得到了方法的指导，就可以通过自主学习和相互协作来完成任务了。

3. 自主学习，独立探究。

通过阅读"教师导航"，学生已经很明确，要想很好地完成导游任务，就要通过认真的学习，学什么呢，从课文中学，从相关资料中学，从网上搜索，还要从师生和生生的相互协作过程中学。

教师为学生学习提供了相应的学习资源，"课文学习"中设计了"教你读课文""教你学生字""备用字词宝典""佳句有约""相关内容提示""练一练"等，学生在轻松愉快的课文学习平台上为完成任务而努力地获取知识和资料。"课文学习"更多地侧重于课文以内的东西，侧重于字词句段篇的理解和基础知识的掌握。

"相关资料"链接了很多关于人民大会堂的文字、图片和视频资料，都是经过教师认真筛选的和课文内容紧密相关的资料。如：人民大会堂的名字是怎样确定的；人民大会堂的图纸失而复得；周总理关心人民大会堂的建设等。学生面对它，就像走进了人民大会堂的大资料库，为完成导游任务提供了很好的外延资料。

4. 网上协作学习。

这个环节既可以独立存在，又可以贯穿在学生的整个课堂学习过程之中。学生在学习过程中需要通过网上协作更好地完成学习任务。首先进行网上分组，让学生通过小组内的协商、交流、讨论，通过不同观点的交锋、补充、修正，促进每位学生对当前问题的理解。

需要说明的是，每位学生都有自己的经验世界。不同的学生对同样问题的理解、看法和解决的途径都会有所不同。比如，在这节课上，有的学生对人民大会堂的作用了解比较多，有的同学对人民大会堂的设计感兴趣，甚至提出了新的设计方案，还有的同学对万人大礼堂顶上的设计提出了不同的看法等。通过学生之间的沟通互动，他们会看到各种不同的理解和思路。在此过程中，学生要学会表达自己的见解，学会聆听，理解他人的想法，学会相互接纳、赞赏、争辩、互助，他们要不断对自己和他人的见解进行反思和评判。通过这种合作和沟通，学生可以看到问题的不同侧面和途径，从而对知识产生新的洞察。但是，知识建构是以学生个体建构为基础的，学生对问题的思考、推理、判断等建构活动是学生有效参与合作、交流、争辩的基础。只有每位学生都能积极地参与集体的沟通和合作活动中，这种集体的相互作用才能促进每位学生的知识建构活动。

学生在自主学习和网上探索的过程中所遇到的问题和所形成的看法，可以通过人机对话、师生交流、生生协作（竞争、协同、伙伴、角色扮演等）得到进一步的理解和解答，从而完成知识的建构，也同时完成学习任务。

5. 网上测评。

经过在网络环境中的自主学习、网上协作学习，学生都努力地完成了学习任务。并把自己的学习成果以不同的形式放在了"作业展示"中。学生对自己的作业（作品）先进行自评，然后对组内同学的作业进行互评，并推荐最佳作品。教师评判主要是发现共性的特点，进行指导。通过这种测评，培养学生对己对人的评价意识和品质，培养他们欣赏别人的习惯，也让学生在这种评价过程中得到交流。

6. 佳作欣赏。

对学生推荐出的最佳作业进行欣赏性评价，教师适时点拨和引导。通过这个教学环节，让学生对自己的作业再评价，同时更进一步学会评价他人，欣赏他人。然后，师生共同进行课堂小结，对这节课上的学习内容、学习方法等方面的收获进行交流，对存在的不足提出改正的建议。

产生的效益

通过这种模式的教学，学生的自主探究和合作学习能力得到较好的培养。

第一，学生的整个学习过程一直置于网络环境中，学生在这个环境中要不断地接触网络，要在教师的指导下通过网上小组讨论或信息发布的方式进行网上交流，促使学生熟悉和掌握利用网络进行个性学习、独立学习和协作学习的方法。这就必然为他们的学习能力的形成与发展提供了与传统教学完全不同的物质基础，使他们的知识结构与能力结构发生了很大变化。

第二，教师在教学过程中采用任务驱动式（问题解决式）教学方法，能大大激发他们的学习兴趣和求知欲望。通过利用网络搜索信息，寻找答案，获取知识，使学生深切感受通过自己努力所获得的成功，这对他们的自主学习能力的形成与发展更是一种很好的促进和锻炼。

第三，在这种教学模式中，教师不再只是知识的传授者，更重要的是学生学习资源的整合者和呈现者，还是学生学习的合作伙伴。同时，这种教学模式较好地实现了"用教材教而不是教教材"这一新的教育理念，整个课堂教学的设计实现了较好的拓展和延伸。学生在课堂上真正成为学习的主人，为培养自主学习能力提供了空间，奠定了基础。

第四，教师在课堂上利用网络对学生的学习进行评价，这样，既可以让学生及时了解自己对这堂课中知识掌握的情况，又可以让学生熟悉和习惯计算机对自己的学习情况进行及时的评价，这也是对学生自主学习能力的一种很好的培养。

值得注意的问题

第一，教师面对的课本是教材，学生面对的课本是学材，教师在把资源呈现给学生的时候，一定要从学生学的角度进行转换。

第二，教学过程的设计，也要从学生学的路子来设计，而不是把教师的教学路子转移到网络环境中，克隆成学生学习的过程。

第三，教师设计的学案要尽量超文本、非线性的，以满足不同特点、不同基础的学生的学习需要。

第四，模式并非模式化，不同的学习内容应该有不同的教学模式。

　　总之，网络环境下的自主学习是一个值得思考的课题。当网络走进我们的课堂，怎样用，怎样用好，怎样用出最大的效益，值得每一个教师去思考，特别是值得广大的一线教师结合本地区、本学校的实际去探索更好的教学模式和路子。

我们的学校　我们的愿景

教育的目的是使人聪慧，让人高尚。教育是为了让师生的明天比今天更美好。基于义务教育段学校教育的基础性特点，确定学校的办学使命为"为生命奠基"，即"为学生聪慧与高尚的幸福人生奠基"。

为此，我们把"选择了教育，就选择了责任"作为学校精神，努力创设适合学生发展和教师成长的现代化教育机制，让所有孩子在不同程度、不同方面获得成功，实现人的个体价值与服务社会的双重品质的有机融合；努力锻造有高度责任感的教师队伍，同时让教师能够享受到因自己的教育成效而获得的有质感的生活，以及受人尊敬的职业认同。

未来五年，我们的学校发展愿景是：努力将学校办成师生共同的精神家园和成长乐园，让学校的每一个角落都能充满教育的智慧与欢快的笑声；让学生的每一个时刻都能享受学习的收获与成长的乐趣；让教师的每一天工作都能体会职场的幸福与专业的尊严。办一所孩子们喜欢的学校，一所让人难忘的温暖的学校，一所值得信任的品牌学校，一所受人尊敬的卓越学校。从此出发，让教师获得成长，学校获得声誉，学生获得赢取美好未来的基础和素养。

为实现学校发展愿景，学校制定《桓台县实验学校五年发展规划（2013—2017）》（以下简称《规划》）。《规划》以党的教育方针为指南，以《国家中长期教育改革和发展规划纲要》为统领，抓住国家"十二五"规划贯彻落实的契机，秉承学校建校以来的优秀文化和共同价值观，在学校工作中，引导师生员工的行为，构建学校提升空间，为学校各方面工作的发展提供指导。《规划》是学校未来五年的工作纲领和办学指南，既体现学校办学思想及目标，又体现办学要求及准则。本《规划》由全体师生、家长共同审议修订，并经教代会通过后实施，详见如下：

一、学校管理

第1条　组织架构

学校组织结构的构建以师生发展需要为导向。构建以师生为本、以教育教学为中心、以生命质量为目标的管理组织。学校将尽可能压缩学校组织结构层级，减少无效劳动，让师生的需求以最快的速度得以反馈。学校实行级部管理与学科质量管理双线并行的管理模式。级部主任对级部教育教学工作全面负责，学科主任对学科质量全面负责。级部与各个学校管理部门，既相对独立又相互整合，交叉管理构成矩阵网络，共同对教育教学质量负责；在矩阵管理结构中，每一个人都对学校负责。

第2条　领导素养

学校中层领导干部实行设置岗位、竞争上岗，形成以学校发展需要为中心的灵活用人机制。学校管理者必须具备大局意识、主动意识、奉献精神。要不断提高管理能力，在教育教学实践中不断给学校管理输入正能量。懂得有"为"才有"位"，有"位"必有"责"，勇于担当。

第3条　制度建设

建设现代学校管理制度。充分发挥工会的组织领导作用，把工会组织建在级部，不断促进民主科学的学校管理进程。组织全体教职工参与梳理、修订和完善学校各项管理制度，形成"人人都是制度的制定者，人人都是制度的遵守者"的制度管理文化。

第4条　立足细节

学校管理要关注细节，更要懂得关键细节决定成败。在管理上，第一步要细心，体现一种敏感，把工作细化；第二步要细致，达到应有程度，体现实化；第三步要细腻，带着感情把每一个细节做到位，体现深化。继而实现精致化管理，从整体上实现学校在关键细节上比同类学校好1%。

第5条　家校结合

充分发挥家长学校的作用，不断提升全体家长的家庭教育和管理水平，提升家长参与学校管理的能力。充分发挥各级家长委员会的作用，深入发掘家长中蕴藏的强大教育力量，让全体家长都有机会通过不同的平台参与学校教育教学和管理工作。逐步形成家校携手、合力同向，给学生创造良好的发展环境。

二、校园环境

第1条　平安校园

要把安全意识当成一种素养。成立学校安全领导小组，明确安全责任人和防御点的人员以及职责。定期检查或抽查安全隐患，进一步完善学校安全管理机制和应急机制。如果因人为管理不当造成事故发生，或事故发生后没有得到及时妥善处理，要追究连带责任。努力形成"安全第一、人人有责"的校园安全文化。

第2条　书香校园

引领师生和家长把读书当成自己的生活方式。在教学楼内建立书吧和书廊，营造读书环境，让学生随时随需可以读书。建设学校图书馆，开设大阅读课。每年组织读书节系列活动，让校园的每一个角落都充满浓郁的书香。

第3条　信息校园

引领教师学习"云"教育的理念和技术，了解世界信息化教育的发展状况，从而具备驾驭"云"教育的思维方式和技术能力。让师生的学习实现"随时、随地、随需"，让学校当下的教育生活充满信息化的气息，为学生未来的学习和发展输入正能量。

第4条　生态校园

把校园建成植物园，让学校的数百种花草树木"会说话"。开展"给鸟儿一个温馨的家"活动，在校园内的大树上建起各种各样的"鸟巢"，实现校园的"鸟语花香"。在校园内合适的地方建立"红领巾小菜园"，让师生在"春播秋种"的过程中体验"种菜人"的辛苦与快乐。在花园内建立"小动物养殖屋"，让孩子在和各种易养小动物的"亲密接触"中学会和动物交朋友。

第5条　和美校园

"礼之用，和为贵"，这是儒家思想的核心观念，也是民族文化与传统道德的基本原则。"和"即"美"。建设"和美校园"，就是在学校生活中逐步实现"师生与教育""当下与未来""人与环境"的最大限度的和谐互动，实现教师、学生、学校的共同成长和发展。

三、课程构建

第1条　课程意识

全体教师拥有正确的课程意识，懂得课程是对学生实施教育的载体和通道，是一个学校办学实力最主要的标志。知道一个学校的优秀师资力量、卓越的现代化教学设施条件，最终都必须转化为、体现为学生的消费产品——课程。

第2条　课程能力

全面提升校长和领导集体的课程领导力。领导集体中的每一个成员要具备良好的课程意识，能够带领相关团队规划课程、开发课程、实施课程。教师队伍能够优质高效地驾驭学校课程系统。每一位教师都能够胜任学校安排的课程，能够开发校本课程，能够带一个学生社团课程。

第3条　课程结构

小学部和中学部通过整合、开发等方式，逐步构建科学、丰富、完整，适合学生全面发展的实验学校优质课程系统。

第4条　课程效果

通过课程实施过程中的逐步改进和完善，力求达到课程实施的预期。让每一位学生在学校的课程学习中，体验到课程给学生身心发展带来的愉悦和进步，并能够为学生的可持续发展奠定良好的基础。

第5条　课程文化

课程构建和实施过程中，逐步建立学校的课程文化。形成学校课程品牌和品牌课程。让全体教师能够从文化的维度理解课程、实施课程；让全体学生能够在课程的学习中体验到课程文化的魅力。让全校师生能够在课程文化的熏陶中感受课程给人的发展带来的力量。

四、教师发展

第1条　敬畏教育

敬畏是我们真诚对待这个世界唯一正确的态度。敬畏教育，就是敬畏讲台，敬畏孩子，敬畏自己每一天的教育行动。自然人成为社会人，教育是必经之途。教育为人的发展提供学习和进步的"场"，教师每天生活在这个"场"里，面对孩子，必须勤奋、智慧、敬业、一丝不苟，不断创新，追求卓越，拒绝平庸。

第2条 基本素养

"没有爱就没有教育"。"爱"是教育工作者的基本素养，因为教育面对孩子，面向未来。所谓"爱"就是要求所有教师，不管在学校内从事什么工作，都应该有一种"与生俱来的对儿童的呵护"的情怀，并努力在教育实践过程中不断提升自己"爱"的能力。

第3条 尊重规律

"规律"即客观。"规律"亦称"法则"，指事物发展变化过程中的本质的联系和必然的趋势。教育规律是教育本身固有的客观存在，不以人的意志而改变。"尊重教育规律"首先要学习和掌握教育规律；其次是严格按教育规律从事教育教学活动。在教学、教育、管理过程中的每一件事情、每一项活动、每一个环节……都要从学生需要出发，根据学生的年龄特点和认知规律实施教育行为，不能随意随性。

第4条 专业水平

在学习与实践中不断提升全体教师的专业水平，使教师对"教育"有正确的理解并在教育实践中科学实践。对"课程"有独到的见解，有相应的课程开发和实施能力。对"教学"的认识和实践具备相应的宽度、厚度和深度。对自己所担任的学科教学能够高效地组织课堂教学和学科实践活动，并且能够在学科教学实践中给予学生良好的学科核心价值的影响。

第5条 管理能力

教师的教育实践是提供给学生一个学习和活动的"场"。教师必须具备相应的教育教学管理能力。具备教育学和儿童心理学的常识，能够有效组织课堂教学和课外实践活动，让学生在各种学习活动中有序而和谐地互动。

第6条 自我发展

每个教师要具备职业生涯规划意识和能力，有切实可行的职业发展方向并能够每天为之努力。具备良好的学习能力，能通过不同的方式和渠道获取自身发展的助推力。具备良好的对教育教学实践的反思和总结习惯以及能力，并能够从反思中获取有效信息，来不断矫正和改进自己的教学行为，使自己在专业发展的路上不断进步，不断发展。

五、学生发展

第1条　健康阳光

健康：全校师生和家长树立"健康第一"的教育理念。保证每天一小时的体育锻炼时间；上好每一节体育课，组织学生积极参加体育社团活动。全校每位学生至少具有两项体育爱好或技能；积极参加生理、心理辅导课程的学习，促进学生身心健康，姿态挺拔向上；严控近视率。阳光、自信、大方、正义、向上。善于微笑、感谢与赞美，即面对生活积极乐观，善于自省，并与自然、社会建立积极的、建设性的和谐关系。

第2条　热爱读书

开发"读书类"课程，规划学生在校9年的读书生活。通过课程和读书实践活动，引导学生读书的兴趣，教给学生读书方法，培养学生读书能力，让学生不断体验"书是甜的，书是香的"，让读书成为习惯，成为学生日常学习生活的必要组成部分。让这种习惯延伸为"学习习惯"。

第3条　乐学善思

对知识与生活充满好奇，享受学习的乐趣。养成终身学习的兴趣与愿望。善于读书积累，尤其人类经典经验及核心价值观。在学习中，初步具有面对世界的基本知识与品质，并初步养成一定的判断力；初步具有独立见解、质疑批判、不断探究、敢于创新的科学精神和能力。

第4条　文明合作

言行举止文明规范，走路右行，抬头挺胸，落落大方，面带微笑。主动问好、善于倾听，具有良好的沟通能力和健全的对话人格。将《实验学校中小学生好习惯50条》落实到日常行为中。在班级、学校、社会等公共场所，明确简单的社会规则，并约束自己行为，成为合格的社会公民。理解合作的意义，提高自己在团队中的合作意识和能力，不断品尝合作的快乐。

第5条　全面发展

中小学阶段全面发展，才能更好的成长。学校教育要努力为学生打下学习底子、精神底子和健康的底子。具体描述为十个目标：

一流好人格；一身好体魄；一生好习惯；一个好兴趣；一种好思维。

一手好汉字；一副好口才；一篇好文章；一项好才艺；一门好外语。

要求学生明确自身发展目标，并对某一项形成爱好，再努力成为特长，实现多元发展。

第6条　尊重感恩

尊重父母家人、教师长者、友善同学，学会用文明谦恭的态度与人交往。懂得别人的帮助让我们获取幸福，帮助他人让我们传递幸福；懂得随时回报他人，并以感恩的心回报他人与社会；懂得珍惜做事的机会，不苛求于环境是最聪明和幸运的人。

六、教育质量

第1条　质量观念

质量是所有学校办学所追求的终极目标。"质量观"决定办学者的思维习惯和行为方式。全体教师要立足现在，着眼未来，立足中国，放眼世界，树立正确而科学的质量观。我们追求健康、兴趣、习惯和良好的思维支撑起来的具有可持续发展能力的学生的"高质量"。不是追求以牺牲学生的健康、快乐和可持续发展为前提的暂时的"高分数"。

第2条　质量目标

学生健康阳光、对学校和教师充满感情，对学习和生活充满兴趣，对未来充满憧憬和向往。

在同类学校的诸项可测性评价中显出绝对优势。

第3条　质量评价

加强专项学习评价，并将纳入学校学生学业总成绩。即将语文朗读、吟诵、笔算、思训、演讲等学科，以及专项和专题活动等项目内容，如"乐器演奏""导游解说"等专项实践活动，通过考核，实记学分、积累学分，纳入学期期末或中小学毕业前的一项必要考核，让学生在德育、智育、体育、美育等诸方面得到全面发展。

坚持学科内容的分项、分类考核。（例如语文学科中的"识字写字""朗读演讲""阅读综合""作文应用""诗词背、吟诵"的分类考查。）加强学科及其他方面的过关性、阶段性、终结性等多样考核形式。几年内努力建成桓台实验学校全面、系统、多元的评价体系。同时利用《实验学校质量评价手册》，逐步形成学校自己的评价特色。

七、后勤管理

第1条 厉行节约

校领导和教师务必养成节约的习惯。学校应该把钱花在离学生最近的地方、教育教学最需要的地方。低碳生活，坚决杜绝浪费。奢侈、不节约，是学校、教师的犯罪行为。学校建筑、设备、设施要朴素大气、高位品质、高性价比，以体现学校独特的校园文化，注重教师工作和学生学习环境与条件的实用性、简约性，反对豪华、铺张、攀比。

第2条 科学管理

加强固定资产的管理与合理使用。改革和规范后勤财产制度，让最需要资源的人员，能够及时方便地获取资源，尽量让使用资源的人有权利合理管理资源。

严格执行学校财务管理制度，充分发挥工会和民主理财小组的监督作用，确保学校的所有资金都能够在阳光下运行。

第3条 统整合一

杜绝"等、靠、要"的惯性思维模式。整合不同层面、不同行业、不同地区的资源，推动学校跨越式发展。拓宽各种渠道，"挖"资源、"找"资源，并移植转化到学校、教师、学生中去，使之与学校资源有机整合，从而实现为学校发展服务的目的。

充分把握学校位置特点，与社区内的各相关单位建立良好的协作关系，融于社区、服务社区是学校的社会责任。

数字化背景下的学校发展

桓台县实验学校是一所文化氛围浓郁、设施装备齐全、办学行为规范、教育特色显著的九年一贯制学校，始建于 2005 年 11 月，2006 年 9 月交付使用。2012 年 9 月，学校感受到数字化技术的日新月异带来的巨大变化，加快了学校数字化信息化建设的步伐。近几年，学校教育信息化水平得到极大提升，有力地促进了课程、教学、教师发展等各方面的变革与创新。现在谈一下我们对数字化背景下学校发展的做法和认识，以抛砖引玉。

"云"平台——教育信息化发展的基础

2012 年，教师们对教育信息化的理解，仅仅停留在课件制作、搬着笔记本上课，或播放音频、视频、图像资料用电脑辅助教学上。在信息技术的应用方面，学校教育远远落后于生活。在全球数字化背景下，学校决心建"教育信息化领先发展"的学校。

但没有一个先进的数字化平台，就谈不上教育信息化的发展，因此，学校决定建设全国最先进的教育信息化平台——云架构教育平台。

当年 9 月，我们用教育部、联想与英特尔三家共同开发的最新"云教育"方案，对学校的信息化教学设施进行改造。2013 年 4 月，与联想集团合作，成功完成了校园云架构工程；校园内有线、无线网络同时运行，所有教室均配备电子白板，云终端延伸到校园的每一个教室、功能室。同时，与联想、微软等知名企业建立了长远的合作意向。

为使教师适应信息化发展的需要，学校先后聘请黎加厚、马九克等信息教育专家及联想、微软工作人员对全校教师进行了 iPad 应用技术、office 365 应用等现代教育技术培训，进行微课程、翻转课堂的现代教学手段的探索和实践。很快，教育教学取得了明显的成效，2013 年 10 月 28 日，《淄博日报》以《课程变"微"，桌面成"云"》为题对学校架构云计算、推进微课程的应用探索进行了纪实报道。

教育云带来的更高效、个性化的教学环境，更坚定了我们建设"教育信息化领先发展"学校的信心。现在，正与微软合作，探索信息技术在教育教学中的最新应用，把学校建设成全球信息技术领航学校之一。届时，学校将构建一个完整的数字空间，实现从校园环境、教育资源、教学过程到教学管理、服务办公等各个方面的数字化，实现教育过程的全面信息化。

微课程——课程创新的开始

在数字化教学理念的指导下，利用"云"的学习环境，学校的课程创新也打开了思路。其中，学校最先应用实践的是"微课程"。

2013 年 5 月，上海师范大学的黎加厚教授就微课程应用于教育教学做了专题报告，给学校所有教师带来了极大的震撼，开始了微课程技术在学校的应用。我们发现，微课程可以把现代化、信息化理念完美融入课程与课堂中，促进了信息化与教学策略的融合，给教育教学带来了切实的实惠。它是一种实践，更是一种理念。

在交流与实践中，教师的信息化应用水平不断提高。2013 年 8 月 1 日，由中国教育技术协会、全国高等学校现代远程教育协作组、中国学习与发展联席会联合举办的首届"全国微课程大赛"上，学校教师积极参赛，获奖人数在全国区县义务教育学校中位列首位，学校也荣获优秀组织奖。马成立校长作为应邀专家，在会上做了《改变——从微课程》的经验介绍。

微课程只是数字化建设对课程变革带来的一个方面。当数字化技术扑面而来的时候，计算机与教学的结合越来越紧密。以书本、粉笔、黑板以及幻灯、投影、电视和录像等传统教学媒体为基础的课程受到了强烈冲击，它使教学目标、内容、方法和形式甚至连课程结构都发生根本性的变化，极大的推动了课程的创新。就我们已经做的和感受到的变化有两点。

第一，计算机不再是一门课程，而是一种自然形成的技能。从学生的角度来说，信息技术教育从学习对象转变为学习工具；从教师的角度来说，信息技术从辅助教学的手段转变为学习的方式。学习计算机技术就像学习走路一样成为一种本能。信息技术的深度应用才是学生要学的。

第二，数字化技术对课程开发产生了巨大影响。基于网络的互动课程的开发成为一种潮流，在这方面，交互式电子白板的应用，就是一个初步的探索。网络上已有很多互动课程，学校里也必将兴起以信息技术为基础的互动课程。再如，数字化环境不但会促进活动课程、实践课程模式的变化，而且会带来新的活动课程、实践课程。现在，QQ、微信、乐视，各种移动终端等构成的数字化的学习环境、学习资源等，各种虚拟身份、虚拟环境下的学生活动，更利于展示、交流，更利于开展丰富、灵活的协同学习。

教学方式变革——数字化发展的必然结果

以计算机和网络为代表的数字化技术深深地影响了当今生活的方方面面，对教学方式的影响尤为深刻。也可以说，在数字化环境下，教与学方式的变革是必然的、是水到渠成的。

1. 个性化学习得以实现。

在数字化环境下，教师的主要作用不再是提供信息，而是培养学生自身获取知识的能力，指导学生的学习探索活动，在这种情况下，学生的个性化学习成为可能。

以语文教师李叶为例，她在指导学生写作时，制作了一系列微课程，包括《形神兼备写活人物》《景为人设与情景交融——景物描写片段作文指导》《动作描写让人物跃然纸上》《怎样让作文的语言有意思》等，将这些微课程发布到QQ上，可以让学生根据自身特点，针对一个核心问题进行有效的学习研究，对难点进行多遍自学，学生切实成了学习的主人。课堂成了他们交流课前学习成果的舞台，成了他们拓展思维的空间……而教师也真正成为一名组织者、引领者，真正做到了因材施教。而且，个性化学习，学生主动思考、主动探索、主动发现的能力远远超过传统的学习方式。

这只是初步探索，当数字化资源充分的时候，不但学生选课成为可能，甚至学生会很容易地选择适合自己的学校、自己的教室，利用数字化环境，构建自己的"梦想教室"，进行更充分的个性化学习。当然，学校也可以为学生量身定制个别化学习内容，让因材施教落实得更好。

2."移动学习"成为可能。

数字化的环境让随时随地学习成为可能。随着现代多媒体技术的迅猛发展，学生接触的知识逐渐变多，有限的课堂时间满足不了学习的需要。而数字化环境下，学生可以不受时间、空间的限制，使用平板、手机等工具，利用网络平台，通过微课、微信、微博等方式在任何一个场合学习。真正实现了课堂在身边，课堂在家中，随时是课堂，处处是课堂。

3.传统的课堂教学模式逐渐改变。

2007年，起源于美国林地高中的"翻转课堂"，在短短的时间内成为一种学习的潮流。它就是数字化环境下引起的课堂教学变革的例子。伴随着微课程的实践，学校也自然而然地形成了"翻转课堂"。如小学语文教学中，有一个低年级学生不易掌握的知识点——查字典，语文教师分工录制了《音序查字法》《部首查字法》两个微课，让学生提前自学，结果学生们在上课之前全部学会了查字典。上课后，教师指导学生开展较多的应用与实践活动，教学效率大大提高了。课上传授知识、课下练习的传统教学模式得到了改变，翻转课堂就自然而然地形成了。

如果没有数字化的环境，就不会有翻转课堂的自然形成，由此我们看到，现代化的教育技术已经在不经意间引领了教学方式的改变。

再如，有了数字化手段，可以更容易地做到把问题前置，引领学习。制作并观察人的口腔上皮细胞的临时装片，是初中生物最经典的实验之一；但该实验需要注意的地方很多，教师需指导训练多次才能掌握。何霞教师将该实验制成微课程，提出问题，让学生进行实验预习，发挥前置评价的诊断和导向作用，同学们可以有选择地进行学习，实验课的教学效率大大提高了。那些课堂上领悟较慢的孩子，可以利用课余时间，再次学习；如果孩子对这门科目感兴趣，我们尽可能利用数字化资源让孩子一直往前走，甚至可以提前完成学业。

从上面的例子可以看出，数字化环境下的教与学，引领着教学方式的变革，拓宽了学生的学习空间，促进了以生为本理念的落实。

教学相长——教师发展的收获

在数字化背景下，学生变，教师更要变。教师在使用技术中传授如何使用技术，学习能力与创新能力不断提高，更容易形成具有鲜明个性特点的教育教学方法，增强了主动发展的意识。

荣飞鹏教师喜欢上了微课程的使用与制作，他写了一段随笔：我在制作微课程《日食和月食的形成》时，用到了十八般兵器。为了使视频更清晰，试用了三款录屏软件；为整合多段不同像素的视频，尝试了多款格式转换软件；在插入画外音时，发现一般的软件很难满足需求，于是请出了大名鼎鼎的cooledit，进行后期编制；使用 flash 8 剪辑制作了动态片头……制作一个精彩的微课程是一个系统工程，这个过程促使我们更新观念，与时俱进，并且尝试更多的新奇与精彩。

荣教师本来是一个微机技术一般的地理教师，如今成为一个信息技术应用高手，他制作的微课程在全国获奖。

在数字化背景下，教师的备课既注重各种"硬件"的使用，又注重自己的理念在设计中的体现。每个人既是学习者，又是开发者、创造者，"研伴"之间组成了一个学习共同体，在创作的过程中充满了思考和快乐。

数字化建设带给我们的变化坚定了我们的发展信心。它对学校发展的促进是全方位的。从校园环境到学校管理，从教研到课堂，从办公到服务，都得到极大地改变和提升。同时，技术的应用还能扩大家长的参与，可以为更多的人提供更好的教育机会，解决教育资源分配不均的问题，促进教育公平。可以说，数字化技术为学校发展打开一扇不一样的视窗，加快数字化建设是学校发展的必然选择。

让每一个生命更精彩
——桓台县实验学校"1+X"课程建构与实施

　　教育是一项直面生命的事业。本质上说，生命教育理论是一种尊重生命尊严，弘扬生命价值，促进生命发展的教育主张。创新教育是关注人的生命的教育，创新教育提倡必须把学生的发展从知识层面提升到生命层面。如何实现这种创新教育的主张，实现生命教育的核心价值呢？只有聚焦学校课程，重构学校课程体系。因为课程是一个学校实现办学理念的重要载体，课程是一个学校的办学品质体现。为实现学校办学理念——让每一个生命更精彩，学校在初步实现国家课程校本化，校本课程系列化的基础上，着力构建并实施集基础性和拓展性于一体的"1+X"学校课程体系。

课程建构的指导思想

　　根据国家教育部《基础教育课程改革纲要》和《义务教育课程设置实验方案》，充分发挥九年一贯制学校"育人一体化"的办学优势，统整国家、地方和校本三级课程，构建符合素质教育要求的独具特色的学校课程体系。通过课程实施，为学生的持续、全面发展奠定基础。

课程建构的原则

　　1.体现课程的一体化。

　　九年一贯整体设置课程；根据不同年龄段儿童成长的需要和认知规律，根据时代发展和社会发展对人才的要求，课程门类由低年级到高年级逐渐增加。根据德、智、体、美等方面全面发展的要求，依据学生身心发展的规律和学科知识的内在逻辑，适度调整并均衡设置课程比例，保证学生和谐、全面发展。

　　2.加强课程的综合性。

　　加强学科内和学科间的整合，提升课程的综合性。各门课程都应重视学科知识、社会生活和学生经验的整合，改变课程过于强调学科本位的现象，让每门课程在原有基础上最大限度地增值增效。注重学生经验，强调让学生从生活经验出发，通过参与和实践，体验过程、学习方法、形成能力、感悟精神。

3.提升课程的选择性。

在建构好学校必修课程的同时，根据学校实际，开发丰富的可供学生选择的选修课程，采用走班上课或合适的其他形式满足学生个性发展的课程需求。

4.注重课程文化的形成。

课程构建和实施过程中，逐步建立学校的课程文化。形成学校课程品牌和品牌课程。让全体教师能够从文化的维度理解课程、实施课程；让全体学生能够在课程的学习中体验到课程文化的魅力。让全校师生能够在课程文化的熏陶中感受课程给人的发展带来的力量。

课程建构的体系

为使学生既能达到国家课程标准中的各项要求，又使个性化发展需求得到充分满足，整体构建了学校五大领域的课程体系。五大领域包括：生活与实践、语言与阅读、数学与科技、艺术与审美、体育与健康。各课程领域之间是并列的关系（参见图1）。

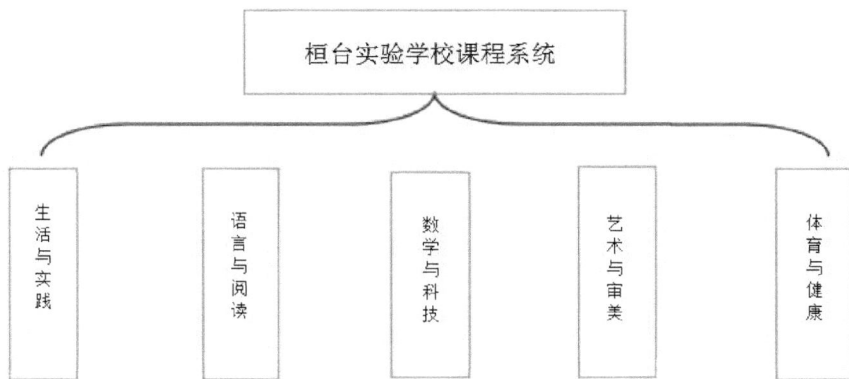

图1　桓台实验学校课程系统结构

其中，每个课程领域涵盖了国家和地方相关课程。

生活与实践：品生品社、综合实践、环境教育、安全教育。

语言与阅读：语文、英语、传统文化、经典诵读。

数学与科技：数学、科学、信息技术。

艺术与审美：音乐、美术、书法。

体育与健康：体育、健康教育。

每一个课程领域的课程设置结构模式为"1+X"："1"指的是整合后的学科基础性课程。该课程内容体现了"用教材教而不是教教材"的思想，既落实了国家规定的基础性课程，又超越了教材，主要包括的内容有教科书教学、学科整本书阅读、创新实践活动。"X"指的是"相应课程领域"内的其他各类拓展课程，主要包括主题活动课程和选修类课程等（参见图2）。

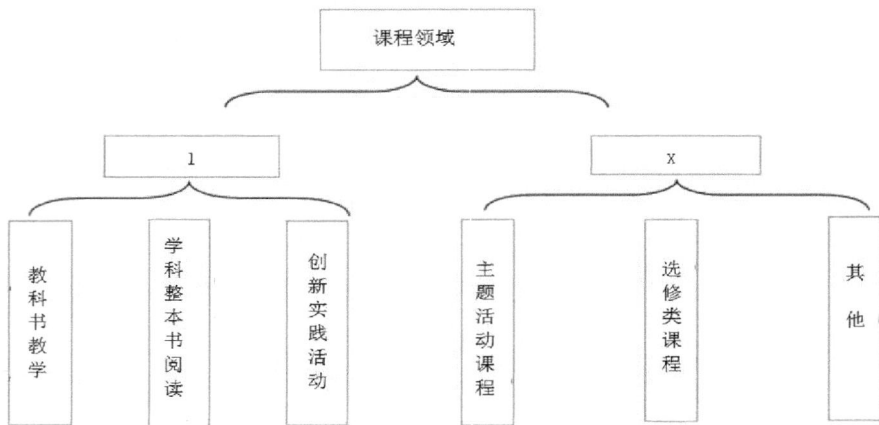

图 2　课程领域结构

课程体系的实施

1. 学科课程重构。

成立学科课程研发团队，根据"1+X"课程体系的总体构想建设学科课程。精研国家课程的配套教材，学科内部，筛选、归拢相关教学内容。学科之间，找到整合的联系点，年级间统筹规划，形成学科整合性基础课程"1"，减少因学科间教学内容重复而造成的课时浪费和负担加重。用节省的课时，实现"X"，即结合本校特色、学生需求，用心研制的拓展性课程。

如语文课程："1"以单元主题教学完成教科书教学、整本书阅读和语文创新实践活动。

以单元主题课程为依托，把一个单元的课程进行整合，由原来的一课课松散教学，经过有效整合，变成四个模块的主题教学。其中包括课本学习、拓展阅读、表达运用和创新实践。具体的课型设计有：单元导读课—整体识字学词课—精品阅读课—以文带文课—读写联动课—群文阅读课—整本书阅读课—综合实践活动课。

语文课程"1"的结构的改变，提升了语文课程的品质。使语文学科的基础性教学从结构上有了根本改变。"X"要完成的是语文课程领域中的拓展性课程。包括吟诵课程、读书节课程和各种语文社团课程等。

当然，随着语文课程结构的变化，随之变化的还有课程环境的支持、作业内容和形式的变化以及评价机制的相应支撑。

2.组织实施。

（1）长短课时安排："1+X"长短课时安排，"1"指"基础课时35分钟"；"X"指"其他课时"。打破以往的固定课时，核算学生在校学习时间，整合分散课时，构建集约化的课时安排体系。

（2）分层走班教学：针对选修课程，周课时内安排一定的时间实施分层走班教学，以适应学生的个性需求和发展需要。如：6～9年级的音乐、美术走班课程。

（3）大型实践活动课程：主要针对学校集体性实践活动，统筹安排课时实施。如：学生的入校和离校课程、迷你马拉松课程等。

3.师生角色。

随着课程实施理念的转变，教师不仅要成为卓越的基础性课程操作者，还要成为拓展性课程的研发者。课程实施强调课堂必须"以学生的学习为中心组织教学"！即必须让学生更想学，更会学，学到更多知识技能，对学生个人发展更有意义。为此，学校大力推进自主、合作、探究的学习方式。要求课堂上，教师必须带领学生，围绕学生提出的问题，通过小组合作学习的方式，自主获取知识、提高能力。

课程的评价与管理

1.课程评价。

建立学生综合素质评价体系。建立定量与定性相结合、静态与动态相统一、互评与自评相结合的有利于学生发展的评价体系。"1"指期末综合测试，"X"指分项考核+学分累加，拒绝一张考卷定终身的评价方式，实施多元评价。力求以这样一种多元考评的方式，全面了解每门学科学生各方面的学习程度。同时，学生的综合评价成绩，由"1"与"X"合并构成，易于学生以强项带动弱项。淡化学生之间的差异，促进学生的自主发展。

2. 课程管理。

建立《学校课程管理制度》，以此规范学校的课程管理行为。在课程管理制度要求之下，围绕计划制定、目标落实、课程编制、课程实施、课程评价等诸要素开展大量过程性监管工作，由此形成学校独特的管理模式。

课程实施的初步成效

1. 学生发展。

"1+X"课程，提供给学生一份生命成长的课程营养大餐。学生既能达到甚至高于国家课程标准中的各项要求，又使个性化发展需求得到充分满足。学生走进学校，处处是课程，事事是课程，时时是课程。在各类课程中，不仅可以享受"1"的增值，还可以享受"X"的多样。操场上、实验室、体育馆、舞台上、养殖屋、菜园里，各种活动中，都可以让学习真正发生，让智慧得到复演，让生命得到成长。

2. 教师发展。

"1+X"课程给教师的生命成长搭建了一个有效载体。让教师走出原来左手教材、右手教参的本本主义工作方式，完成由"教书匠"到"课程设计者、课程实施者"的转变。当每一为教师都能够站在"课程"的层面上思考"教学"和"教育"问题的时候，我们的教学和教育立意一定走向了高远。

3. 学校发展。

结构决定品质！"1+X 课程"，提升了学校的办学品位，彰显了学校的育人文化。"课程"让学校走向"安静"，走向"专业"，走向"深度的思考和行动"。"课程"给学校发展注入了绿意和生命，让学校的办学品质不断形成和发展，也不断实现着学校的办学理念——让每一个生命更精彩。

珍视生命的美丽，感悟事业有情

生命是美丽的。教师的生命因为每天从事着浸润学生生命的事业而更加精彩。

小时候，我有一个梦，梦想自己能当一名小学教师。1985年初中毕业以后，我如愿以偿地踏进了淄博师范学校的大门。3年以后，我作为优秀毕业生，分配到桓台县实验小学，当了一名语文教师。几十年来，我如同一个摆渡人陪伴着一群又一群孩子走过童年。遥望孩子们远去的身影，辛劳化作缕缕春风。沐浴其中，我感悟着事业有情……

努力学习，丰厚知识底蕴

1988年7月，结束了3年的师范学习，我带着满腔的热情踏上讲台。儿时愿望的陡然实现，初涉教坛的喜悦与新鲜，让我对工作充满了热情。朝霞迎我早来，夕阳送我晚归。和学生一起学习、活动、游戏、交谈，我沉浸在一种初为人师的快乐之中。我以为凭我的热情和在师范学校学到的知识，一定能当一名好教师。但是，随着教学实践的不断深入，随着课堂上出现的状况和碰到的难题越来越多，我渐渐感觉自己知识的欠缺。面对教材，我只能随着参考书的路子走完教学过程；面对孩子们突如其来的各种各样的提问，我心中时常感到发慌。那时候，我突然意识到：当一名优秀的教师，仅有热情是不够的，更要有渊博的知识，这样才能为学生的终生发展奠定基础。

为了迅速扩展自己的知识内涵，丰厚自己的知识底蕴，1989年暑假，我开始了漫漫的函授学习生活。回想那段时间，曾有过酷暑中天天挤公共汽车的大汗淋漓，也难忘工作和学习相冲突时候的无可奈何。曾有过因底子太差，上课时听不懂古代汉语的尴尬，更难忘不得不放下一个多月的儿子，早晨三点钟赶赴几百里外参加毕业考试的艰辛。在努力与付出中，我完成了这份学业。1996年7月，当我手捧山东师范大学的本科毕业证书时，我高兴万分，毕竟，这是我在忙碌的工作之余得来的一份收获。2002年，当我再次感觉我必须再进行一次全方位的、系统的知识充电的时候，我毅然参加了北京师范大学教育硕士课程进修班。当我在严寒或酷暑中背起行囊，走进梦寐渴望的北师大学堂，我会全然忘却远行的艰辛，全身心地沉浸在听课学习的无比愉悦中。

函授进修之余，我倍加珍惜外出培训学习和会议交流的每一次机会。2001年，我作为全县小学语文教师的代表，有幸去东北师范大学参加了全国中小学骨干教师国家级培训。为期三个月的培训其间，我如饥似渴地学习教育教学的理论，学习教育科研的方法，在图书馆和网络教室里查询搜集了大量的参考资料。正常学习之余，参加学员专题论坛，请导师做课题指导。一切可以利用的时间里，我享受充实，感受踏实。3个月以后，我背着沉甸甸的收获回到了学校，回到了课堂。

优秀教师的成才之路都是用书铺筑起来的。日常工作中的我，读书如同心灵的呼吸。在朱永新的教育文集中，我畅想着《新教育之梦》，回顾中国古代教育思想的《滥觞与辉煌》，与近现代教育思想《沟通与融合》，反思教育的《困境与超越》，感受教育的《诗意与理性》，做一名《校园守望者》，《享受与幸福》着学生成长中《心灵的轨迹》。阅读，对教师来说，是一种生存方式，是最好的"血液循环"，最好的精神润泽。阅读，伴我一路从容前行。

学习，让我走进一种上进的生活状态，给我一种天天快乐的心情。

潜心教学，锤炼立身之本

还记得刚刚走上讲台，自己在课堂上讲得滔滔不绝，学生听得恹恹欲睡。我苦恼过，无奈过。但我很快从这种无奈中走了出来，因为我非常喜欢站在讲台上的感觉。为了成功地上好每一节课，我开始如饥似渴地阅读指导教学的各种书籍、报刊。开始在电教中心一节一节地观摩许多优秀教师的课堂教学录像，并认真写下学习笔记，仔细揣摩他们设计课堂、传授知识的奥秘。慢慢地，课堂上，我开始期待用我的激情引领孩子们体悟语言文字的脉脉温情，感悟文字背后的片片真意。我试图带领孩子们走进丰富的语文天地，把孩子们引入一个又一个激情四射的世界。品读对话时，孩子们读懂了《你必须把这条鱼放掉》中父与子的内心世界，感受到"言已尽，意犹在"的文字韵味；品读欣赏中，孩子们沉浸在《望月》的意境中，吟诵着古诗，展开了遐想；一篇《白鹭》的欣赏，两个"悠然"的会心体验，我努力把课堂演绎成"浸润学生生命"的殿堂。

难忘一次次的公开课教学，让我在众多资料的广泛阅读中丰富自己，在许多"师傅"的搀扶中学着站立，在精心的"设计"中避开许多弯路。蓦然回首，我站在讲台上已经多了几分从容和自信。

随着教学实践的不断深入，我不再满足能够上好课，我觉得课堂教学要有更高的价值追求——让每一个学生在课堂上尽可能地得到学科品质的影响，逐步培养学生的可持续发展能力。也就是说，一个优秀的教师，必须赋予课堂一种生命力，让课堂教学充满绿意。按照这种思路，我不断地思考实践，不断地总结改进，利用学校教室的网络终端环境，初步构建起我心目中的理想课堂教学模式。即"发现问题—呈现资源—多向互动—动态生成"四步教学法。其基本理论思路就是：实施问题驱动—创设思考情境—调动全员参与—创建生命课堂。这种课堂从发现问题入手，到呈现资源创造学习和思考情境，再到多向互动让学生主动参与，其目的就是通过"问题—情境—互动"这样一个过程，使学生联系自己的经验、体验以及已获取的信息等进行交流，实现课堂教学过程中的资源生成。这种资源生成既可以生成解决问题的答案或方案，又可以生成与教学内容相关的新的问题。对课堂生成的方案性资源，教师负责汇集、梳理、引导、组织学生进行讨论、比较、评价，然后形成认识。

实践中，我发现这种结构的课堂上，学生始终处于情感的互动和思维的互动中，教师始终要组织、控制和调整互动的过程，这种课堂是用教师的智慧激活的课堂，是有生命力的课堂。学习《参观人民大会堂》一课，每个学生都成了人民大会堂的小小导游员，从正门到中央大厅，从大礼堂到宴会厅和会议厅，我们在参观游览中感悟语言，学习表达。学习《月光曲》，我们用和贝多芬对话的形式，理解音乐，理解课文。学习《桃花心木》，我们的课堂就变成了辩论会场，通过不同观点、不同派别的学生的辩论交锋，让学生享受辩论的激烈过程。

专题学习网站下的课堂教学模式也是我探索的一个方向。不断的思考与实践，我以《我爱故乡的杨梅》为课例，明确了这种教学模式的思路框架，即明确任务—方法导航—自主学习—互相协作—网上测评—佳作欣赏。这是一种全新的教学尝试，所有教学步骤都力求通过网络完成，教师的主导作用体现在教学设计中，体现在学生学习过程中，适时给学生提供帮助和指导；体现在调控教学过程，组织评价的过程中。

教学，时常让我感觉探索的乐趣。我感觉有价值的教学过程是一个充满魅力的过程。

乐于教研，提升教学品位

课堂教学之外，我认真参与学校的各种教学实验，提高自己的教学科研能力。从 1992 年开始，学校的电化教学和计算机教育全面展开。1993 年，学校承接了省教研室的现代教育实验课题：电脑作文教学实验。作为课题组的骨干实验教师，当时的我对计算机知识一点也不懂，更何况这是计算机教育与语文教学的有机结合。现实终归是现实，对于我，开弓没有回头箭。于是，我只有在正常的教学工作之余，拼命学习计算机知识及现代教育理论，从计算机基础操作到网络常识，从文字处理到软件的演示与制作，不懂就问，不会就学，勤学苦练。同时，我与实验课题组的教师们一起，制订实验方案，编写实验教材，撰写实验报告，认真上好每一节实验研究课。

就在这个课题实验的过程中，我懂得了什么是建构主义学习理论，什么是行动研究。也是在这个过程中，我懂得了什么是学生学习方式的改变，为什么学生的知识结构和能力结构会因此而得到改善。课题实验，我付出的是一份过程中的辛劳，收获的是驾驭课堂教学的能力的提高，是理解教育教学的不一样的高度和视角。

经过近 6 年的潜心研究，到 1999 年 10 月，我们的"六步电脑作文法"教学实验，在省教研室的主持下，通过了省级专家鉴定。在整个实验过程中，我曾先后在省实验研讨会上执教电脑作文观摩课。1995 年，学校应邀参加在英国举行的世界计算机教育大会，我执教的电脑作文课录像在英国国际会展中心展出，受到与会各国代表的好评。

2001 年 12 月，我带着在东北师大培训班上确定的研究课题——《网络环境下小学语文自主学习课堂教学模式的构建》走进实践研修阶段。白天工作繁杂，晚上孩子睡了以后和双休日的时间属于我。8 个月的课余时间，我阅读了有关网络环境下教与学的文章 28 篇，有关自主学习的文章 32 篇，有关教学模式和教学设计的文章 39 篇，参考资料 100 余万字，做有关笔记 28 000 字。到第二年 6 月底，我完成了论文的三级目录框架和有关数据资料的收集、分类和整理。暑假，我利用 7 天的时间，一个人泡在办公室里，完成了 12 000 字的论文撰写。在这个过程中，我边实践，边寻求有益的指导和帮助，边探索，每当发现一种新的观点，每当产生一种新的思考，我总是高兴得像个孩子。终于，2002 年 8 月 18 日重返东北师大，我很圆满地完成了论文答辩。

从跟着课题组学习做实验课题到独立承担并完成一个课题，经历的不仅仅是一个不一样的过程，更重要的是对教育教学萌生了一种科研的意识和思维方式。

教学科研，让我走进充满思考的工作境界。教学科研，全面提升我的教学品位。

星星火炬，伴我一路前行

参加工作 20 多年，我曾经做过 12 年的少先大队辅导员。我很感谢少先队给予我的智慧和激情，让我对教育、对孩子、对红领巾有了一种特殊的情怀。每当看到队旗飘扬，我心里都会有一种愉悦和激动。

曾经，我领着孩子们来到天安门广场，国歌响起，五星红旗冉冉升起，孩子们举手敬礼的那一刻，我的确感到热血沸腾；在卢沟桥抗日战争胜利纪念馆，看着一幅幅骇人听闻的画面，讲细菌战的时候，我的确曾经热泪盈眶；甲午海战们的忠魂碑前，纪律严明的绿色军营，工厂、农村、大学校园，都留下了孩子们实践活动的身影。升旗仪式上，烈士墓碑前，电视演讲比赛中，港澳回归的倒记时牌前，齐鲁环保世纪行的新闻发布会上，铿锵嘹亮的鼓号声中，我们领着孩子们实践着红领巾对五星红旗的承诺和誓言。抗洪救灾的捐赠现场，东阿池区的希望小学，即将辍学的伙伴家里，保护母亲河的倡议声中，融进了孩子们对祖国、对他人的爱心一片。春天举行的主题队会上，孩子第一次对着自己张开了笑脸，"相信自己，我能行"的宣传设计中，我们把自信的种子，播撒在每一个孩子的心田。5 月 8 日，一个天安门广场曾降下半旗的日子，我们，让孩子们知道，为什么在祖国母亲的泪眼中捧起那只带血的和平鸽。7 月 1 日，"永远跟党走"的主题大队会上，我们让南湖的红船驶进校园，红船上，孩子们感受东风的嘱托，感悟她装着多少光荣和尊严。庄严的入队仪式上，我们使星星火炬，代代相传。

每天，时时刻刻，我都被孩子们的纯真感动着，也被他们的进步鼓励着。声声鼓号是命令，飘飘领巾是召唤。忙忙碌碌中，放弃了星期天，不知不觉中，没有了节假日。但是，在我的心里，红领巾事业如彩虹般美丽，像朝霞一样灿烂。

感念星星火炬，伴我一路前行！

新的起点，用智慧和激情领航

2006年9月1日，带着一纸调令和组织重托我从实验小学来到新建的实验学校。带着一帮新的教师，跋涉在新的路上。重新定位自己，作为业务校长和特级教师，我必须保证自己专业发展有新的突破的同时，才能引领教师们在专业领域中有好的发展。

第一，我和教师们一起静静地坐下来聆听。《从爱心走向民主》，李镇西教师让我们学会和学生一起享受生命的成长；周弘的赏识教育，让我们懂得按规律种庄稼才不会受到大自然的惩罚；书生校长程红兵，让我们懂得什么是语文，什么是学校，什么是学校核心发展力；对话新教育发起人朱永新教授，让我们懂得了用阅读浸润孩子的诗意人生，行动就有收获；任小艾的班主任工作报告为教师们轻轻推开一扇窗，春风化雨般滋润着教师们的教育理想……聆听这些声音，我们知道什么是优秀；对话这些人物，我们懂得什么是感动；教育让我们理解讲台的分量，面对孩子的纯真，我们油然而生一种激情和理想。

第二，总结自己多年来的课堂教学经验和学习所得，分别以《现代教育技术与学科教学整合》《教育科研与教师专业成长》《网络环境下的有效教学》《小学语文教学之思考》等专题，和教师们一起展开专题研讨，我们在研讨中碰撞，在碰撞中思考，在思考中共同成长。

第三，组织实施青蓝工程、教育主题论坛，我与名师面对面、小课题研究、走进课题实验等形式多样的教学研究活动，让教师们人人有事想，人人有事做。

一次次精心搭建的平台上，教师积极参与着，同伴们互相帮助、互相鼓励着，不管是有多年教学经验的老教师，还是初涉讲台的新教师，都在努力着、进步着。教师们进步的同时，我似乎听到了自己生命在拔节的声音！

做教师专业发展的引领者，我幸福地走在远行的路上！

利用计算机网络辅助作文教学的实践与探索

计算机网络辅助教学是随着计算机技术的产生和发展而形成的现代化课堂教学形式。充分发挥网络教学系统的作用，能更好地帮助我们优化课堂教学结构，最大限度地改变现有教学模式，以更好地发挥学生在学习中的主体地位。因为学生在网络教学环境中学习，不仅能独立参与学习活动，还可以自行调节学习进度，选择学习内容。教师在网络环境中教学，可通过网络的广播功能完成班级集体授课，还可通过点对点的操作与学生进行师生间的信息交流。这样既可调动学生的积极性，又便于收集反馈的信息，从而有助于教师随时调整教学重点，改善课堂教学的协调性和适应性。多年的教学实践证明：计算机网络这一现代教育技术为小学作文教学提供了一个崭新的舞台，实现了作文教学的"新模式、大容量、快节奏、高质量"的教学效果。

利用计算机网络，改变课堂教学模式

传统的作文教学一般要经过这样一个过程：师生共同分析习作要求—学生构思写作—誊抄并交给教师—教师批阅—作文讲评。在这个教学过程中，学生的学习活动是被动的，因而很难体现学生的主体学习地位。而教师的指导作用也发挥得很差。"教师批阅"这一教学环节花费了大量的劳动，但是这些劳动却很难在学生的作文方面体现出来。因为"作文讲评"的过程就是教师把"批阅"过程中发现的"问题"反映到学生面前，以求得学生接受和改正。但每到作文讲评的时候，学生上次作文的思考过程已经成为过去，思维状态也基本消失。面临的是又一次要求完全不同的作文训练。这不得不引起我们思考：教师花那么多的时间来批阅作文后进行讲评，其"讲评效益"有多少呢？因此，传统的作文教学方式是一个教师和学生"背对背"的训练过程，训练很难达到理想的效果。以至于我们在作文教学上费了那么多的时间，耗了那么多的劳动，却很难大面积提高作文教学的质量。才形成了"作文难"这样一种非常普遍的现象。

利用计算机网络进行作文教学就完全不同了。教师的"教"和学生的"学"完全是一个"面对面"的教学过程。教师要讲解的内容呈现在学生面前，让学生感知、思考、理解。学生的学习过程和结果也都反馈给教师。教师和学生都在一个网络的环境中"教"或"学"，完全改变了课堂教学的结构和模式。展现了一种教学模式的现代性。

利用计算机网络，真正实现因材施教

利用计算机网络对信息和反馈及时处理的特点有利于对学生个别化教育和进行因材施教。一个班的学生，不管是知识基础还是接受新知识的能力，都有很大的差异。常规的教学方式，很难照顾到每一位同学的学习特点。教学只能一般化。开展计算机网络作文教学，应用点对面、点对点的网络特点，教师可通过教师机随时看到每一台学生机上的写作情况，及时发现每位学生作文中出现的问题，适时加以评价、提示或帮助。实现了学习个别化和教学最优化。

例如，我在教学作文《我爱……》时，教学训练的重点是"抓住事物的特点写，能够表达自己对事物的喜爱之情"。学生在"试写初稿"时，我不用走在学生中间巡视指导，而是坐在教师机前，根据自己对学生的掌握情况点阅学生的作文，以发现问题，进行指导。如，有的学生在"选材"这一环节就出现了问题，所选材料对自己来说是非常陌生的、与自己的生活距离很远的事物。有的选"我爱宇宙飞船"，还有的选"我爱北极熊"等。这就很难抓住事物的特点写出好作文。我立刻通过屏幕告诉学生：建议另选材思考，选取自己熟悉的事物来写。这就避免出现"学生按照自己错误的选材思路完成习作以后，教师再做指导"现象的发生。如果在批阅过程中发现学生"结构顺序错乱"，即告诉学生及时调整。如果是"遣词造句"方面的不当，则让学生及时修改。通过教师批阅，发现大部分学生都存在一个问题，那就是没有在字里行间很好地表达出自己对所写事物的喜爱之情。我立即在适当的时机对全班同学及时提醒了这一点，使全体同学都有所注意。总之，如果发现共性问题，即进行集体讲述提示或纠正；如果是个性问题，则进行个别指导。使教师的指导最大限度地发挥了作用。

利用计算机网络实现因材施教，还体现在作文教学过程中"阅读欣赏"这一环节。每一个单元，教师都根据习作要求和单元训练重点，有选择地准备了非常多的"阅读欣赏"类的文章，供学生自由选择阅读。由于学生的写作能力不尽相同，在课堂上完成习作的时间也不一样。快的同学可以用剩余时间既可以先进行"自行修改"，又可以有选择地进行"阅读欣赏"，以求在构思、表达等方面获得一些与本次习作有益的影响，还可以使自己从阅读中产生一些修改作文的意识和欲望。而这个过程也是学生自己选择学习的过程。不管是"阅读量"还是"阅读内容"，都由学生根据自己的实际情况自由选择。解决了一般课堂教学中"好学生吃不饱，差学生吃不了"的问题。

利用计算机网络，强化直观动态教学

利用计算机网络提供动态图像演示，强化直观动态教学，有利于在作文教学中突出重点，突破难点。小学作文教学中有很多是"看图作文"或者需要进行动态演示的训练要求。例如，教学"按一定顺序写一处景物，要写出景物的特点"。在小学作文训练中，这是比较难的一个训练点。解决这一难点的一个有效途径就是再现生活。也就是选择某一处景物做成录像资料进行播放，但是录像播放有很大的弊端，因为它只能是流水播放，很难恰到好处地实现教师的某些教学意图。我们通过网络，实现了这一动态教学效果。因为要写一处景物，所以我们从不同的角度选择了"校园花坛""公园一角""彩色音乐喷泉""城标广场"四个录像资料，根据教师的讲课要求，有的作为"主资料"，有的作为"附属资料"，做成软件，实现"屏幕播放"。学生可以在一处一处的景物中再感知、再理解。播放过程中，教师结合情景资料适时地、详略得当地对有关的写作要求进行分析、理解。通过这一教学环节，既解决了学生"言之有物"的问题，又对学生的"言之有序"做了有益的引导。同样是写一处景物，有的学生按照"春夏秋冬"的四季变化顺序来写；也有的学生先找到一个"主观察点"，然后以它为参照物，按方位顺序展开写；还有的学生把这一处景物中的每一个小景点作为作文的一段，几个景点连起来形成全篇。这种作文训练的效果，离开网络是很难达到的。

另外，在进行"学习写小动物""学写小物件"的作文训练中，也利用计算机网络强大的动态演示功能，对各种不同的小动物的外形特点、生活习性，小物件的构造特点、作用等进行恰当的演示，使学生如见其物。

利用计算机网络，增大课堂教学容量

传统的作文教学，课堂容量很小。利用计算机网络进行作文教学可以大大增加课堂教学的容量。每个单元的训练，我们都准备了12篇"例文"。其中包括：3篇"标准文"，即符合本次习作要求的作文，一般分低、中、高三档。3篇"病文"，也就是对本次习作要求还存在着各种各样问题的作文，以供教师进行"修改指导"时有针对性地进行指导。因为"病文之病"都是教师根据习作要求事先"设计"的，这种"指导"主要是教学生学会修改方法。"病文"之后紧接着对应3篇"修改文"。主要是让学生直观接受"病文之病"是怎么改的。最后是3篇"精品文"，这些都是对本次习作要求体现得比较好的"上等文"，主要是供学生进行"欣赏"。"欣赏点"重点在于构思和表达上。以上都是教师为完成本次习作训练有目的的准备的，这十几篇不同类型的作文，大部分学生都能读到，这就大大增加了课堂容量。

利用计算机网络，提高作文教学效益

利用计算机网络教学，大面积提高了学生的作文水平。现在四、五年级的学生，在出题后30分钟内，即可在计算机上写出符合要求的甚至是质量比较高的400～1000字左右的作文。同时，我们也对接受计算机网络辅助作文训练长达3年时间的260名学生进行了比较细致的考查和研究。数据也许不是十分准确，但也能反映一种必然。

1.作文兴趣。

计算机网络辅助作文与书面作文相比较，计算机网络辅助作文比书面作文课感兴趣的多241名，占全体参加实验学生的92%。

2.作文速度。

计算机网络作文与书面作文相比，学生的作文速度提高了一倍。书面作文通常需4节课160分钟的时间才能完成。而计算机网络辅助作文由于节省了修改、誊抄时间，只需2节课80分钟即可完成，更重要的是在此过程中训练了学生的快速思维能力。

3. 作文能力。

（1）作文选材能力：从选材符合要求和选材新颖度方面考虑，计算机网络辅助作文与书面作文差异不大。从即席选材能力方面考察，计算机网络辅助作文较书面作文提高了40%左右。理解习作要求后，书面作文能即席选材的有180人，计算机网络辅助作文能即席选材的有250人。

（2）作文构思能力：在文章构思方面，从构思的巧妙与合理度方面考虑，计算机与书面作文并无较大差异，但因为学生在计算机网络辅助作文时参与度较好，处于积极的思维状态，所以从构思的快捷度来讲，80%的学生好于书面作文。

（3）布局谋篇能力：计算机网络辅助作文要求学生计算机基本操作应成为本能，试写初稿要求大部分学生在30～40分钟之内快速完成，这个过程中，学生一直处于紧张思维状态，布局谋篇能力比书面作文有所提高。

（4）遣词造句能力：通过计算机网络辅助作文教学课的训练，学生形成了良好的快速思维习惯，在认真观察生活的基础上，遣词造句能力有90%的同学得到明显提高。

（5）中心表达能力：因为计算机网络辅助作文较书面作文在选材、构思、布局谋篇、遣词造句方面均有优越性，所以中心表达能力也得到相应的提高。即席命题后，一节课40分钟之内，能够写出中心明确，甚至中心较突出的文章的有223人，占全体学生的85.7%。

4. 修改能力。

作文修改是计算机网络辅助作文教学中的一个重要环节。能自改和互改作文初稿错别字的占全体学生的100%；能较好地改正文中病词病句的占全体学生的89%；能从布局谋篇方面对原文结构进行合理调整的占68%；对原文有关句段进行合理增删的占72%。以上除错别字的修改能力与书面作文差异不大外，其余修改病句、调整结构、增删句段能力均比书面作文提高19%、28%、22%。

5. 鉴赏能力。

通过问卷测试，学生对一篇文章能够紧扣习作要求进行优、缺点分析的有198人，占全体学生的85%；能分析好在何处的有208人，占全体学生的80%，比书面作文提高 28%；能对文章的篇章结构进行评价，且评价较为合理的有 201 人，占全体学生的 77%；能对文章的中心表达进行合理评价的学生有 196 人，占全体学生的 75%，比书面作文提高 25%。

综上所述，利用计算机网络辅助作文教学，可以有效地提高作文教学的效益。但是如何充分发挥网络优势，开发一些基于建构主义、适于网络环境的可行性软件，真正引起教学思想、教学模式的质的转变，还是一个值得研究的课题，也有待每一个教育工作者在教学实践中潜心努力，不断探索。

主要参考文献

［1］窦桂梅.听窦桂梅老师讲课［M］.上海：华东师范大学出版社，2006.

［2］李镇西.听李镇西老师讲课［M］.上海：华东师范大学出版社，2006.

［3］余映潮.听余映潮老师讲课［M］.上海：华东师范大学出版社，2006.